Jamila Harbi
Rana Ali

Abordagem de Classificação Melhorada para Detetar Doenças no Sangue Humano

Jamila Harbi
Rana Ali

Abordagem de Classificação Melhorada para Detetar Doenças no Sangue Humano

Imprint

Any brand names and product names mentioned in this book are subject to trademark, brand or patent protection and are trademarks or registered trademarks of their respective holders. The use of brand names, product names, common names, trade names, product descriptions etc. even without a particular marking in this work is in no way to be construed to mean that such names may be regarded as unrestricted in respect of trademark and brand protection legislation and could thus be used by anyone.

Cover image: www.ingimage.com

This book is a translation from the original published under ISBN 978-620-2-00404-6.

Publisher:
Sciencia Scripts
is a trademark of
Dodo Books Indian Ocean Ltd. and OmniScriptum S.R.L publishing group

120 High Road, East Finchley, London, N2 9ED, United Kingdom
Str. Armeneasca 28/1, office 1, Chisinau MD-2012, Republic of Moldova, Europe
Printed at: see last page
ISBN: 978-620-7-72331-7

Índice:

Agradecimentos

Em primeiro lugar, louvado seja Alá que me ajudou e me deu a capacidade de realizar esta investigação do primeiro ao último passo.

*Gostaria de expressar a minha profunda gratidão e os meus sinceros agradecimentos à minha supervisora, **Dra. Jamila Harbi Saud,** pela sua orientação, assistência e encorajamento durante a realização deste projeto.*

A minha família agradece profundamente e de forma especial o seu incentivo e apoio para que eu conseguisse realizar este trabalho.

Um agradecimento especial a todos os meus amigos que me deram conselhos.

***Rana**

Dedicação

À minha família com o meu amor

ABSTACT

A técnica de processamento de imagens para diagnosticar doenças em imagens médicas é considerada muito importante para a vida humana. O objetivo do reconhecimento de padrões é a classificação de objectos numa série de categorias ou classes. Dependendo da aplicação, estes objectos podem ser imagens ou formas de onda de sinais ou qualquer tipo de medidas que necessitem de ser classificadas.

As imagens microscópicas permitem contar a classificação das células sanguíneas, que é utilizada na avaliação e no diagnóstico de muitas doenças. A leucemia é um cancro do sangue que pode ser detectado através da análise de leucócitos ou leucócitos.

Este trabalho tem como objetivo melhorar um sistema de classificação para processar as imagens microscópicas de entrada obtidas a partir de amostras de sangue, extrair as características discriminatórias dos glóbulos brancos (WBCs) e, em seguida, utilizar essas características para distinguir e reconhecer o tipo de célula Leucemia ou célula normal. Além disso, este trabalho propõe um sistema de algoritmo de reconhecimento, que discrimina os leucócitos normais ou blastos.

O sistema proposto de deteção e classificação da leucemia linfocítica aguda (ALLDC) para detetar e classificar células ALL em conjuntos de dados de imagens ALL-IDB1 é utilizado neste trabalho. Para atingir este objetivo, o sistema ALLDC proposto classifica todas as células como células ALL e células não cancerosas, utilizando duas técnicas de classificação aplicadas separadamente para classificar os leucócitos normais ou blastos: são sugeridos dois classificadores no nosso trabalho, tais como o k-vizinho mais próximo (KNN) e as redes neuronais artificiais (ANN); a classificação das células de leucócitos tem quatro passos principais; o primeiro passo é o pré-processamento da imagem, o melhoramento da imagem é utilizado como pré-processamento neste trabalho, para melhorar a qualidade das imagens. A segmentação do núcleo é o segundo passo deste trabalho. A segmentação dos núcleos é efectuada utilizando o método de Otsu, frequentemente aplicado para segmentar a imagem. Depois de aplicar o algoritmo de segmentação nas nossas imagens, as características dos núcleos são extraídas do resultado da parte de segmentação e, como existe um grande número de características, algumas delas são seleccionadas como as melhores características. A extração de características é considerada como o terceiro passo, as características extraídas dos núcleos, incluindo a área, o perímetro e a circularidade, são utilizadas no classificador KNN e a área, o perímetro, a circularidade, o fator de forma e o eixo menor/maior são utilizados no classificador ANN. O passo final é a classificação das células para a parte de classificação.

A taxa de classificação dos leucócitos defeituosos é de (66,67%), esta percentagem é melhorada com a utilização do classificador ANN, em que a taxa de classificação das células defeituosas é de (72,22%).

Capítulo 1
Informações gerais

1.1 Introdução

O diagnóstico médico é o procedimento de identificação de uma doença através da análise crítica dos seus sintomas e é frequentemente auxiliado por uma série de testes laboratoriais de complexidade variável. Um diagnóstico médico exato é essencial para proporcionar a opção de tratamento mais eficaz [1].

A leucemia, um cancro do sangue, é uma das doenças malignas mais comuns que afecta tanto adultos como crianças. É uma doença em que as técnicas de processamento digital de imagens e de aprendizagem automática podem desempenhar um papel importante no seu processo de diagnóstico.

A leucemia é classificada como aguda ou crónica com base na rapidez da progressão da doença. A leucemia aguda pode ainda ser classificada em leucemia linfoblástica aguda (LLA) e leucemia mieloide aguda (LMA) com base na linhagem celular. O método de tratamento é selecionado com base no tipo de leucemia. Felizmente, a leucemia, tal como muitos outros tipos de cancro, é curável e a sobrevivência dos doentes e o tratamento podem ser melhorados, desde que o diagnóstico seja preciso [1]. Em particular, este trabalho foca a LLA, com o objetivo principal de desenvolver uma metodologia para detetar e classificar blastos de Leucemia Aguda com base em técnicas de processamento de imagem usando imagens de esfregaços de sangue periférico [2]. A metodologia apresentada neste trabalho consiste em várias etapas, nomeadamente, pré-processamento de imagem, segmentação de imagem, extração de características e dois métodos de classificação.

O domínio da medicina é um domínio muito importante que tem crescido imenso nos últimos anos. Com o progresso técnico no domínio da medicina, é necessário dispor de instrumentos de análise mais rápidos e mais exactos, que são essenciais (por exemplo, máquinas de raios X, máquinas de hemograma completo, etc.). Estas ferramentas médicas automatizadas são necessárias para o diagnóstico dos doentes. São essenciais para ajudar os médicos a fornecer com precisão prognósticos futuros sobre as doenças e a forma de as curar [3].

Por isso, o exame do esfregaço de sangue periférico é um importante indicador das condições hematológicas e de outras condições anormais que afectam o corpo humano. As células sanguíneas são classificadas como eritrócitos (glóbulos vermelhos), leucócitos (glóbulos brancos) ou plaquetas (não consideradas células reais). A contagem resultante é o número total de eritrócitos e leucócitos expresso num volume de sangue [2].

Uma das aplicações interessantes é a análise morfológica e a contagem diferencial de leucócitos. Os métodos manuais para essa análise são morosos e subjectivos devido à natureza do mecanismo de decisão humano. A este respeito, são necessários algoritmos de processamento automático de imagens para efetuar uma identificação rápida de leucócitos em grande escala com um erro mínimo [3].

O algoritmo de segmentação de leucócitos deve funcionar com precisão tanto no sangue periférico como nas células leucémicas no processamento de imagens para um diagnóstico preciso das doenças do sangue. Foram desenvolvidas várias abordagens para a segmentação de leucócitos. Estes métodos baseiam-se geralmente no espaço de cor e em operações de morfologia matemática [4].

A segmentação de imagens consiste basicamente na partição de uma imagem num conjunto de regiões disjuntas (não sobrepostas) e homogéneas, que se supõe corresponderem a objectos de imagem significativos para uma determinada aplicação [5]. O algoritmo de segmentação K-means é proposto com base no agrupamento de cores e difere do agrupamento por deslocamento médio. Quando diferentes tipos de células aparecem simultaneamente numa imagem, o algoritmo K-means, ao contrário do agrupamento por deslocamento médio, não consegue adaptar-se a grandes alterações na intensidade dos pixels dos diferentes tipos de leucócitos, pelo que o agrupamento iterativo linear simples (SLIC) é outro método de segmentação que difere do agrupamento por deslocamento médio em termos de cor e espaço. Na fase de pré-processamento, o SLIC é adequado para obter os limites da imagem, mas não para a segmentação de leucócitos [6].

A aprendizagem automática e o reconhecimento de padrões desempenham um papel fundamental no domínio da imagiologia médica digital, incluindo o diagnóstico assistido por computador e a análise de imagens médicas. O reconhecimento de padrões médicos requer essencialmente a "aprendizagem a partir de amostras". A classificação de objectos, como os glóbulos brancos, em classes específicas de glóbulos brancos com base em características de entrada (por exemplo, forma, intensidade e textura) é obtida a partir de candidatos a leucócitos segmentados. Na análise dos glóbulos brancos, é inicialmente criado um sistema bem definido como uma explicação das suas características e, em seguida, classifica-se a célula com base nesse sistema, após a aplicação de estratégias de seleção de características, como a seleção sequencial de características, o algoritmo branch and bound melhorado e a representação de modelos de elevada dimensão [7].

Em geral, as dificuldades de deteção e classificação são ainda agravadas pelo facto de não existir um procedimento definitivo que determine exatamente que características devem ser geradas ou que características devem ser utilizadas em cada caso específico. Os trabalhos anteriores, tal como mencionado em pormenor, utilizaram características que nem sempre são invariantes e podem ser alteradas em diferentes condições e resoluções. As características de forma, como a área, o perímetro, etc., dependem fortemente do seu próprio conjunto de dados e, evidentemente, estas conclusões não podem ser extrapoladas para todos os conjuntos de dados possíveis [8].

1.2 Reconhecimento de padrões e aplicações de classificação

A utilização do reconhecimento e classificação de padrões é fundamental para muitos dos sistemas electrónicos automatizados atualmente utilizados. As suas aplicações vão da defesa militar ao diagnóstico médico, da biometria à aprendizagem automática, da bioinformática ao entretenimento doméstico, entre outras. O interesse no reconhecimento e classificação de padrões tem crescido devido a aplicações emergentes, que são não só desafiantes como também computacionalmente exigentes. Estas aplicações incluem [9]:

1. Extração de dados (análise de um grande volume de dados para extrair uma pequena quantidade de informação relevante e útil, por exemplo, deteção de fraudes, previsões financeiras e pontuação de crédito).

2. Biometria (identificação pessoal baseada em atributos físicos do rosto, íris, impressões digitais).

3. Visão artificial (por exemplo, inspeção visual automatizada numa linha de montagem).

4. Reconhecimento de caracteres [por exemplo, triagem automática de correio por código postal, scanners automáticos de cheques em ATM (caixas automáticas)].

5. Reconhecimento de documentos (por exemplo, reconhece se uma mensagem de correio eletrónico é spam ou não, com base no cabeçalho e no conteúdo da mensagem).

6. Diagnóstico assistido por computador (por exemplo, ajudar os médicos a tomar decisões de diagnóstico com base na interpretação de dados médicos como imagens mamográficas, imagens de ultra-sons, electrocardiogramas (ECGs) e electroencefalogramas (EEGs)).

7. Imagiologia médica (por exemplo, classificar células como malignas ou benignas com base nos resultados de exames de ressonância magnética (MRI), ou classificar diferentes estados emocionais e cognitivos a partir das imagens da atividade cerebral em MRI funcional).

8. Reconhecimento da fala (por exemplo, ajudar doentes deficientes a controlar máquinas).

9. Bioinformática (por exemplo, análise da sequência de ADN para detetar genes relacionados com doenças específicas).

10. Deteção remota (por exemplo, utilização dos solos e rendimento das culturas).

11. Astronomia (classificação de galáxias com base nas suas formas; ou pesquisas automatizadas, como a Search for Extra-Terrestrial Intelligence (SETI), que analisa dados de radiotelescópios numa tentativa de localizar sinais que possam ser de origem artificial).

1.3 Antecedentes da leucemia

O historial da leucemia é [10]:

1.3.1 Cancro

As células continuam a dividir-se e a crescer sem controlo normal, causando um crescimento anormal chamado tumor. Este pode ser classificado em dois tipos. O tumor que não invade os tecidos e as partes do corpo vizinhas é chamado de tumor benigno ou não-canceroso. Se o tumor invade e destrói as células e os tecidos vizinhos é designado por tumor maligno ou cancro.

1.3.2 Leucemia.

A leucemia é um grupo de cancros que normalmente começa na medula óssea e resulta num elevado número de glóbulos brancos anormais. Estes glóbulos brancos não estão completamente desenvolvidos e são designados por blastos ou células leucémicas. Os sintomas podem incluir problemas de hemorragia e nódoas negras, sensação de cansaço e aumento do risco de infecções. Estes sintomas ocorrem devido à falta de células sanguíneas normais. O diagnóstico é feito normalmente através de análises ao sangue ou de uma biopsia da medula óssea.

1.3.3 Sintomas de leucemia

As células da leucemia são células anómalas que não conseguem fazer o que as células sanguíneas normais fazem. Sistémica: perda de peso, febre, infecções frequentes:

1. Psicológicos: fadiga, perda de apetite.

2. Pulmões: falta de ar fácil.
3. Gânglios linfáticos: inchaço.
4. Muscular: fraqueza.
5. Ossos ou articulações: dor ou sensibilidade.
6. Baço e/ou fígado: aumento.
7. Pele: suores noturnos, hemorragias e nódoas negras fáceis, manchas ou pontos arroxeados.
8. Os componentes do sangue são constituídos por:
   o Glóbulos vermelhos (eritrócitos) - transportam o oxigénio para os tecidos e regressam aos pulmões com o dióxido de carbono.
   o Glóbulos brancos (leucócitos) - Defendem o organismo de infecções.
9. Existem vários tipos de glóbulos brancos. c. Plaquetas - ajudam a coagulação do sangue para controlar as hemorragias. d. Plasma - O fluido no sangue que contém iões dissolvidos necessários para o funcionamento das células e é constituído por sódio, potássio, cloreto, hidrogénio, magnésio e ferro.

1.4 Pesquisa bibliográfica

Tem sido feita alguma investigação no sentido de automatizar o procedimento de identificação das células sanguíneas e, em seguida, diagnosticar corretamente o doente.

Nipon T., em 2005 [11], apresentou e desenvolveu uma técnica de segmentação automática para a medula óssea microscópica, utilizando a segmentação e classificação de glóbulos brancos em imagens microscópicas da medula óssea.

O desempenho de segmentação da técnica proposta, comparando os seus resultados com as imagens de células segmentadas manualmente por especialistas, segmenta cada imagem de célula em três regiões, ou seja, núcleo, citoplasma e fundo. A partir das experiências, as imagens segmentadas automaticamente atingem 70,74% e 65,69% nos conjuntos de treino e teste. Um desempenho promissor das taxas de classificação utilizando redes neuronais é de 71,81% e 69,68%.

Huang et al. em 2006 [12] A segmentação de leucócitos é uma parte importante do sistema de classificação de leucócitos e os resultados da segmentação afectam diretamente a precisão do reconhecimento das células. Os investigadores propuseram vários métodos úteis para obter resultados de segmentação exactos. Dividiram a segmentação de leucócitos em duas partes: uma para a segmentação do núcleo e a outra para a segmentação do citoplasma. Os núcleos dos leucócitos são as áreas de maior contraste e são relativamente fáceis de segmentar numa imagem de esfregaço de sangue. Assim, a maioria dos métodos tradicionais segmenta primeiro a parte do núcleo da imagem antes da parte do citoplasma.

L.B. Dorini e et al, em 2007 [13], apresentaram a segmentação de glóbulos brancos utilizando a transformada de Watershed e o método de análise do espaço de escala para segmentar o núcleo e o citoplasma dos glóbulos brancos (WBC). A composição dos WBC no sangue fornece informações importantes aos médicos e desempenha um papel importante no diagnóstico de diferentes doenças. O esquema proposto foi aplicado com sucesso a um grande número de imagens, mostrando resultados promissores para a variação do aspeto das células e da qualidade da imagem; uma análise qualitativa dos resultados, a segmentação exacta do núcleo incentiva trabalhos futuros que incluem a classificação dos leucócitos utilizando descritores de forma extraídos do núcleo segmentado. A informação sobre o citoplasma será importante para classificar formas semelhantes de diferentes níveis de maturação, em que a única diferença entre as classes é a proporção entre as áreas do núcleo e do citoplasma.

S. H. Rezatofighi et al. em 2009 [14] propuseram a segmentação do núcleo dos glóbulos brancos com base no processo de ortogonalização de Gram Schmidt para amplificar os vectores de cor desejados.

Mohapatra S, Patra D, Satpathy S, em 2010 [15], conceberam uma abordagem quantitativa para diferenciar linfoblastos de linfócitos em esfregaços de sangue e amostras de medula óssea. O método de segmentação é classificado e melhorado. O primeiro passo é selecionar uma região de interesse a partir de uma imagem e, em seguida, os linfoblastos e os linfócitos são seleccionados utilizando o algoritmo de agrupamento K-means. Neste método, o espaço de cor RGB foi utilizado pelo agrupamento K-means. Na etapa seguinte, é efectuada a segmentação dos linfócitos maduros e imaturos. Este método explica algumas características quantitativas relacionadas com o citoplasma e o núcleo. Finalmente, a classificação das células é efectuada de acordo com as características extraídas

Subrajeet M. e et al, em 2012 [16] introduziram uma abordagem comparativa para a deteção da leucemia linfoblástica aguda (LLA) com base na segmentação da imagem do núcleo dos leucócitos e na análise morfológica. O agrupamento baseado na cor é utilizado para segregar vários componentes do sangue e obter o núcleo dos glóbulos brancos.

Minal D. e et. al, em 2013 [17], apresentaram uma aplicação de segmentação de imagens, extração de características, seleção e classificação de células para o reconhecimento e diferenciação de células normais de células blásticas. A deteção de leucemia com as características propostas foi classificada com o classificador KNN. O sistema é aplicado a 108 imagens disponíveis no conjunto de dados de imagens públicas, dando uma precisão de 93%.

Aruna e et al, em 2014 [18], apresentaram uma abordagem para detetar a forma das células falciformes presentes nas hemácias, encontrando o raio mais alto, mais baixo e médio de cada tipo de célula, comparando-o com o tamanho padrão da célula e marcando as células com um círculo vermelho para identificação. A abordagem proposta é testada numa recolha de imagens de amostras de sangue SEM e os resultados experimentais são encorajadores.

Congcong Zh. et. al , em 2014 [19] propuseram um novo método para a segmentação do núcleo e do citoplasma de leucócitos para citómetro. Também foi introduzido um passo de ajuste de cor antes da segmentação. A decomposição do espaço de cores e o agrupamento k-means foram combinados para a segmentação.

Os seus resultados experimentais mostram que o método proposto atinge taxas de precisão de 94,6% e 95,1% para a segmentação e classificação.

Sulaja Sanal, em 2015 [20], propôs uma deteção automática de

A leucemia linfocítica aguda a partir de imagens microscópicas de sangue evita geralmente os problemas da análise manual de esfregaços de sangue e aumenta também a exatidão. Reduz o tempo de computação, aumentando assim a eficiência

Os resultados mostram que o método proposto é capaz de produzir 92% de precisão para a segmentação do núcleo e 78% para a segmentação do citoplasma.

1.5 O problema

O domínio da medicina é um domínio muito importante que tem crescido imenso nos últimos anos, com o progresso técnico no domínio da medicina; há necessidade de uma ferramenta de análise mais rápida e mais exacta, que é essencial. Estas ferramentas são essenciais para ajudar os médicos a fornecer com exatidão os prognósticos futuros das doenças e a forma de as curar.

Por isso, o exame do esfregaço de sangue periférico é um importante indicador de condições hematológicas e outras condições anormais que afectam o corpo humano. As células sanguíneas são classificadas como eritrócitos (glóbulos vermelhos), leucócitos (glóbulos brancos) ou plaquetas (não consideradas células reais). O resultado do diagnóstico de leucócitos defeituosos em métodos manuais de análise é moroso e subjetivo devido à natureza do mecanismo de decisão humano. Neste contexto, são necessários algoritmos de processamento automático de imagens para efetuar uma classificação rápida dos leucócitos em grande escala com um erro mínimo.

1.6 Objetivo do trabalho

O nosso trabalho apresenta um sistema de segmentação e classificação de leucócitos a partir de imagens microscópicas de leucemia utilizando dois classificadores KNN e ANN individualmente. Um sistema de classificação de leucócitos utilizou características de forma para classificar as células defeituosas com base no conjunto de dados ALL-IDB1. O classificador KNN baseia-se na distância euclidiana entre os núcleos e o outro classificador ANN baseia-se nas características de forma do treino e é utilizado para classificar os leucócitos como limpos, infectados e desconhecidos.

1.7 Disposição dos trabalhos

Este trabalho está dividido em cinco capítulos estruturados da seguinte forma:

Capítulo Um: Este capítulo apresenta a área do problema, as imagens médicas, a pesquisa bibliográfica e o objetivo deste trabalho.

* Capítulo Dois: Inclui (Conceitos de base) e revê brevemente alguns conceitos sobre segmentação e componentes de classificação, medidas de qualidade.
* Capítulo Três: trata das etapas do sistema envolvidas até à fase de classificação. Nomeadamente, são explicados os passos de pré-processamento, segmentação de objectos e extração de características. A etapa de classificação é apresentada juntamente com os resultados obtidos com o sistema proposto.
* Capítulo IV: Este capítulo trata da implementação do modelo proposto, discute os resultados experimentais obtidos com o treino e o teste da RNA.
* Capítulo Cinco: Este capítulo apresenta um resumo das conclusões e dá sugestões para trabalhos futuros.

Capítulo 2

Conceitos de base

estado de saúde do doente ou para permitir o seu tratamento. Por conseguinte, em princípio, a qualidade da imagem deve ser medida de forma óptima através de métodos que abordem o desempenho clínico [2].

Este capítulo apresenta os conceitos teóricos de base para detetar e classificar os blastos de leucemia aguda com base em técnicas de processamento de imagem utilizando imagens de esfregaços de sangue periférico. A metodologia apresentada neste trabalho consiste em várias fases, nomeadamente, segmentação da imagem, extração de características e classificação.

2.2 Imagem médica

Devido à falta de eficiência, às dificuldades na natureza das células e aos problemas relacionados com a preparação da coloração das lâminas de células sanguíneas, as imagens microscópicas das células são susceptíveis de apresentar erros [4].

A leucemia é um tipo de cancro do sangue que envolve os glóbulos brancos. Também é conhecida como uma doença da medula óssea que é detectada quando a duplicação de um glóbulo branco anormal começa continuamente:

1. A leucemia aguda propaga-se rapidamente. Por esse motivo, são afectadas muitas células que ainda não estão completamente desenvolvidas ou diferenciadas.
2. A ALL é mais comum nas crianças. Em termos de deteção de características a partir de imagens de células sanguíneas, o processamento e a segmentação de imagens são segmentos muito importantes.

Os adultos são mais afectados pela LMA do que as crianças e os jovens. A identificação precoce e rápida do tipo de leucemia é muito importante para proporcionar o tratamento adequado para esse tipo específico. A deteção desta doença começa com um exame conhecido como hemograma completo. O doente tem de efetuar uma biopsia da medula óssea se houver anomalias no processo de contagem. Posteriormente, é efectuado um estudo morfológico da medula óssea e uma análise da lâmina de sangue periférico para verificar a presença de células leucémicas [5].

A observação é essencial para classificar as células anómalas com os seus tipos e subtipos específicos de leucemia, ou seja, o núcleo ou o citoplasma das células que contêm anomalias. Esta classificação e diagnóstico são muito importantes para prever o comportamento clínico da doença, de modo a determinar o tratamento que deve ser administrado ao doente [6].[23]

2.3   Componente do sangue

O sangue é um tecido altamente especializado composto por mais de 4.000 tipos diferentes de componentes. Quatro dos mais importantes são os glóbulos vermelhos, os glóbulos brancos, as plaquetas e o plasma. Todos os seres humanos produzem estes componentes sanguíneos - não existem diferenças populacionais ou regionais [12].

1. Glóbulos vermelhos (eritrócitos) - transportam o oxigénio para os tecidos e regressam aos pulmões com o dióxido de carbono.

2. Glóbulos brancos (leucócitos) - Defendem o organismo das infecções. Existem vários tipos de glóbulos brancos.

3. Plaquetas - ajudam a coagulação do sangue para controlar as hemorragias.

4. Plasma - O fluido no sangue que contém iões dissolvidos necessários para a função celular e é constituído por sódio, potássio, cloreto, hidrogénio, magnésio e ferro [24].

2.4 Conjunto de dados de imagens de leucemia linfoblástica aguda (LLA) [22]

As imagens do conjunto de dados foram captadas com um microscópio ótico de laboratório acoplado a uma câmara Canon Powers hot G5. Todas as imagens estão em formato JPG com profundidade de cor de 24 bits, resolução de 2592 x 1944, [Y=0] são tiradas de indivíduos saudáveis e todas as imagens com Y=1 são de doentes com TODOS os tipos de cancro. Cada um dos ficheiros de imagem ImXXX_Y.jpg é acompanhado de um ficheiro de texto ImXXX_Y.xyc, como se pode ver na Figura (2-1), para indicar as coordenadas dos centróides das células blásticas.

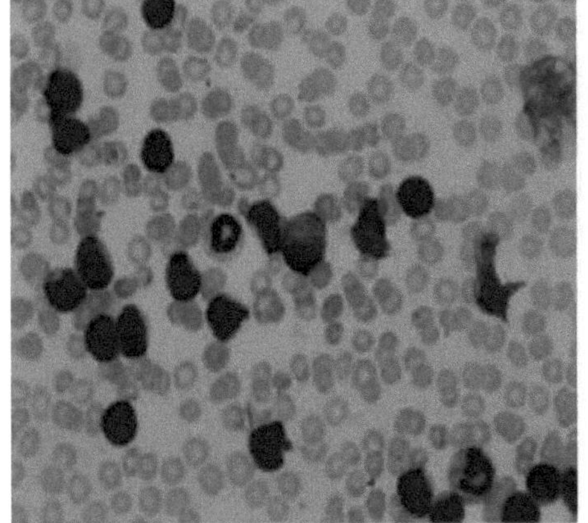

446	62
164	279
168	377
442	415
248	713
...	...

a   b

Figura (2-1): O componente do sangue, a: Ficheiro Im006_1.jpg, b: Conteúdo do ficheiro "Im006_1.xyc.

O ALL-IDB1 versão 1.0 pode ser utilizado para experimentar as capacidades de segmentação de algoritmos e possíveis sistemas de classificação, bem como o estilo de pré-processamento de imagens. Este conjunto de dados, que é constituído por 108 imagens recolhidas durante o mês de setembro de 2005, inclui cerca de 39000 elementos sanguíneos. As imagens relacionadas com o conjunto de dados ALL-IDB1 são apresentadas nas Tabelas (11) e (1-2).

Tabela (2-1): Conjunto de dados de imagens incluído no ALL-IDB1: células saudáveis de células não

ALL patients.

Standard name .JPG	Im094_0	Im095_0	Im096_0	Im097_0	Im098_0	Im099_0
Standard						
Standard name .JPG	Im103_0	Im104_0	Im105_0	Im106_0	Im107_0	Im108_0
Standard						

Tabela (2-2): Conjunto de dados de imagens contido em ALL-IDB1: células de linfoblastos prováveis de doentes com LLA.

Standard name	.JPG	Im001_1	Im002_1	Im003_1	Im004_1	Im005_1	Im006_1
Standard							
Standard name	.JPG	Im058_1	Im059_1	Im060_1	Im061_1	Im062_1	Im063_1
Standard							

A anotação de ALL-IDB1 é apresentada da seguinte forma. Os ficheiros de imagem ALL-IDB1 são colocados com a notação ImXXX_Y.jpg, em que XXX é um contador inteiro de 3 dígitos e [Y] é um dígito booleano igual a 0. As células blásticas não estão presentes, ver (Quadro 2-1), e é igual a 1 mesmo que esteja presente apenas uma célula blástica.

2.5 Imagem típica de um microscópio de sangue

A figura (2-2) mostra uma imagem típica de um microscópio de sangue. Os glóbulos vermelhos (hemácias) e os glóbulos brancos (leucócitos) são as principais células presentes no sangue periférico. Os grânulos contidos nas células leucocitárias são chamados granulócitos (reunidos por neutrófilos, basófilos e eosinófilos). As restantes células sem grânulos são denominadas granulócitos (compostas por monócitos e linfócitos). A gama percentual de leucócitos no sangue humano tem os seguintes valores: Eosinófilos 1- 5%, neutrófilos 50-70%, Basófilos 0-1%, Monócitos 2-10%, linfócitos 20,45% [8].

Normalmente, a contagem manual é efectuada ao microscópio para contar os glóbulos brancos nas lâminas de leucemia. Este método é incómodo e demora muito tempo; se o processo de contagem for perturbado, tem de ser recomeçado. Por conseguinte, o método convencional de contagem manual é suscetível de conter erros de procedimento e de colocar uma pressão intolerável sobre os técnicos de laboratório médico. No entanto, existem muitas soluções de hardware, como o Contador de Hematologia Automatizado, para efetuar a contagem. Alguns países em desenvolvimento não são suficientemente competentes para instalar máquinas tão dispendiosas em todos os laboratórios hospitalares de todo o país [9]. Além disso, os hematologistas continuam a efetuar a contagem manual, dependendo da lâmina de amostras de sangue e de medula óssea para validação. Por conseguinte, a presente metodologia proposta fornece outra solução para o problema da contagem de glóbulos brancos, concebendo um sistema automatizado para contar glóbulos brancos (WBCs) em lâminas de leucemia.

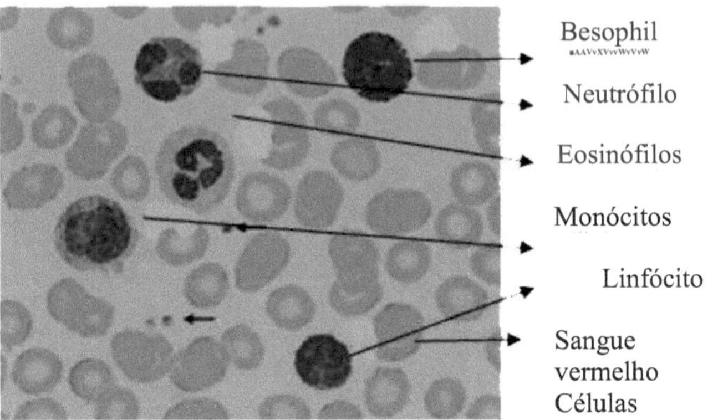

Figura (2-2): Imagem típica de um microscópio de sangue.

2.6 Pré-processamento de imagens

Os requisitos são normalmente claros e simples na fase de pré-processamento, como a remoção de artefactos das imagens ou a eliminação da informação da imagem que não é importante para a aplicação.

O algoritmo, as técnicas e os operadores de pré-processamento são utilizados para efetuar o processamento inicial que facilita a tarefa de redução e análise dos dados primários. Incluem operações ligadas a:

1. Extração de regiões de interesse.
2. Efetuar operações algébricas básicas na imagem.
3. Melhorar características específicas da imagem.
4. Redução da resolução e da luminosidade dos dados.

No pré-processamento, geralmente, é utilizada informação a priori para simplificar a tarefa do sistema de classificação. Por exemplo, se se souber que um sinal de entrada é afetado por ruído, pode ser concebida uma fase de filtragem adequada para reduzir o ruído, o que facilita significativamente a tarefa do sistema de reconhecimento.

Além disso, o pré-processamento é utilizado para converter o formato de ficheiro de imagem de JPEG para o formato de ficheiro de imagem BMP, utilizando um algoritmo de conversão [10].

Na imagem BMP, cada pixel de cor RGB é descrito

por um triplo (R, G, B) de intensidades para vermelho, verde e azul, para fazer o mapeamento para um único número que dá um valor de escala de cinzentos. O método de conversão de luminosidade converte a imagem a cores RGB em imagens de escala de cinzentos, uma versão mais sofisticada do método da média. Também calcula a média dos valores, mas forma uma média ponderada para ter em conta a perceção humana. A perceção humana é mais sensível ao verde do que a outras cores, por isso o verde é mais ponderado. A fórmula para a luminosidade é apresentada na equação (2-1) [11]:

Cinzento = 0,2126 + 0,7152 (Verde) + 0,0722 (Bine) (2 - 1)

2.7   Matemática Morfológica

A morfologia é um conjunto alargado de operações de processamento de imagem que permite processar imagens com base na sua forma. As operações morfológicas aplicam um elemento estruturante a uma imagem de entrada, criando depois uma imagem de saída com o mesmo tamanho. O mecanismo da operação morfológica é o valor de cada pixel na imagem de saída baseado numa comparação do pixel correspondente na imagem de entrada (original) com os seus vizinhos. Ao escolher o tamanho e a forma da vizinhança, uma operação morfológica pode ser construída para formas específicas na imagem de entrada [1].

As duas principais operações morfológicas são a dilatação e a erosão. A dilatação permite que os objectos se expandam, preenchendo assim potencialmente pequenos buracos e ligando objectos desconexos. A erosão encolhe os objectos ao eliminar (erodir) os seus limites. Estas operações podem ser personalizadas para uma aplicação através da seleção adequada do elemento estruturante, que determina exatamente como os objectos serão dilatados ou erodidos [2]. A morfologia matemática (MM) é uma teoria concebida para a análise da forma de objectos e funções. Os operadores de MM tratam a imagem processada como um conjunto e são constituídos por duas partes: uma forma de referência chamada elemento estruturante (SE) ou função que é traduzida e comparada com a função original em todo o plano e um mecanismo que detalha como efetuar a comparação [3].

No processamento de imagem, a morfologia matemática é normalmente utilizada como ferramenta para a extração de componentes de imagem que são úteis na representação e descrição da forma de uma região [8]. A erosão e a dilatação são operações fundamentais do processamento morfológico. Antes de discutirmos o processamento da erosão e da dilatação, introduzimos brevemente as suas definições.

1. Erosão

Para efetuar a erosão de uma imagem binária, o pixel central do elemento estruturante é colocado sucessivamente em cada pixel de primeiro plano (valor 1). Se algum dos pixéis da vizinhança for um pixel de fundo (valor 0), o pixel de primeiro plano passa a ser de fundo. Formalmente, a erosão da imagem A pelo elemento estruturante B é denotada [8]:

Erosão = A Ο B **(2 - 2)**

Uma das utilizações mais simples da erosão é a eliminação de pormenores irrelevantes (em termos de tamanho) de uma imagem binária [9].

A fim de eliminar o maior número possível de áreas brancas, exceto a grande, o objeto, erodiu a imagem com um elemento estruturante de um tamanho um pouco menor do que os objectos desejavam manter.

2. Dilatação

Para efetuar a dilatação de uma imagem binária, coloca-se sucessivamente o pixel central do elemento estruturante em cada pixel de fundo. Se algum dos pixéis da vizinhança for um pixel de primeiro plano (valor 1), então o pixel de fundo passa a primeiro plano. Formalmente, a dilatação da imagem A pelo elemento estruturante B é designada por [1]:

Dilatação = A®B (2 - 3)

Uma das aplicações mais simples da dilatação é a colmatação de lacunas. É evidente que a operação de erosão pode eliminar os pormenores irrelevantes da imagem binária, e a operação de dilatação é boa para recuperar a imagem original [1].

2.8 Operações morfológicas

Numa primeira análise das operações morfológicas, não é fácil ver como é que a abertura e o fecho podem ser úteis ou, de facto, porque é que diferem uma da outra no seu efeito sobre uma imagem. Afinal de contas, a erosão e a dilatação são opostos lógicos e uma análise superficial levaria a concluir que, na prática, não faz grande diferença qual delas é utilizada primeiro? No entanto, os seus diferentes efeitos resultam de dois factos simples. A abertura e o fecho da escala de cinzentos são definidos exatamente da mesma forma que para as imagens binárias e o seu efeito nas imagens é também complementar. A abertura da escala de cinzentos (erosão seguida de dilatação) tende a suprimir as pequenas regiões brilhantes da imagem, deixando o resto da imagem relativamente inalterado, enquanto o fecho (dilatação seguida de erosão) tende a suprimir as pequenas regiões escuras [25].

2.8.1 Morfologia de abertura

Abertura é o nome dado à operação morfológica de erosão seguida de dilatação com o mesmo elemento estruturante. A operação de abertura de A pelo elemento estruturante B pode ser escrita como [2]:

$$A \circ B = (A \ominus B) \oplus B \qquad (2-4)$$

O efeito geral da abertura é remover objectos pequenos e isolados do primeiro plano de uma imagem, colocando-os em segundo plano. Tende a suavizar o contorno de um objeto binário e a quebrar regiões de junção estreitas num objeto.

2.8.2 Morfologia de fecho

O fecho é o nome dado à operação morfológica de dilatação seguida de erosão com o mesmo elemento estruturante. A operação de fecho de A pelo elemento estruturante B é [2]:

$$A \cdot B = (A \oplus B) \ominus B \qquad (2-5)$$

O fecho tende a eliminar pequenos buracos no primeiro plano, transformando pequenas regiões de fundo em primeiro plano. Tende a unir istmos estreitos entre objectos.

Na figura (2-3), a região sombreada (cinzento escuro) na imagem resultante refere-se à imagem erodida ou dilatada e a região (cinzento claro) é a região eliminada na

imagem de entrada e desaparecida na imagem de saída após a realização do processo
morfológico [25].

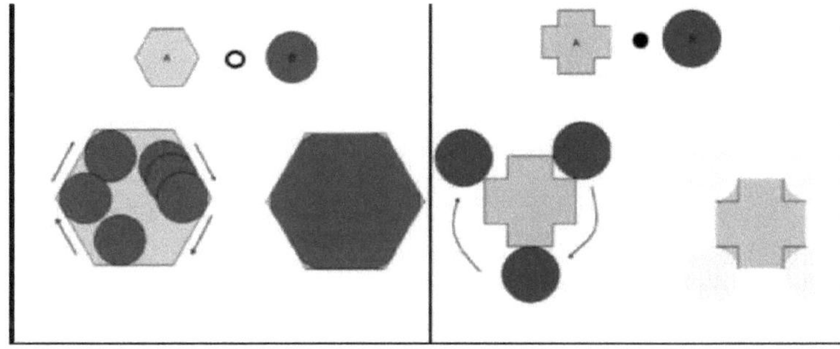

Figura (2-3) : Abertura (lado esquerdo) e fecho (lado direito) segundo o
modelo de esfera rolante

Podem ser definidas várias operações morfológicas utilizando as operações
primitivas. As operações morfológicas mais frequentemente utilizadas podem ser
enumeradas como operações Hit-Miss, Close, Open, Boundary, Convex Hull,
Skeleton, Thick , Thin, Prune e Distance Transform [14][17].

2.9 Segmentação de imagens com base na técnica de limiarização

A segmentação de imagens é uma das partes cruciais do processamento de imagens.
Subdivide uma imagem nas suas regiões ou objectos constituintes. Depois de o objeto
de interesse ter sido isolado, o processo termina [20].
Uma das técnicas de limiarização mais úteis que utiliza o histograma de níveis de
cinzento de uma imagem é o método de Otsu [21]. Neste trabalho, o processo de
segmentação proposto com base no método de Otsu pode ser resumido nos seguintes
passos:

1. Converter de formato de imagem
Todas as imagens do conjunto de dados em ALL-IDB1 são convertidas de JPEG 24 bit
para BMP 24 bit, a imagem de entrada selecionada do conjunto de dados para o
algoritmo de segmentação proposto é convertida em imagem de escala de cinzentos
(secção (2.5)).
2. Melhoria do contraste
O baixo contraste e a má qualidade são os principais problemas na produção de
imagens médicas. O melhoramento de imagens é um processo que se centra
principalmente no processamento de uma imagem, de modo a que a imagem
processada seja mais adequada do que a original para uma aplicação específica.

A palavra "específica" tem significado. Dá a entender que os resultados de tal operação dependem muito da aplicação. Por outras palavras, uma técnica de melhoramento de imagem que funciona bem infectou amostras de sangue com leucemia aguda [22].

I. Histograma de intensidade

O histograma de uma imagem refere-se normalmente a um histograma dos valores de intensidade dos pixels num contexto de processamento de imagens. É um gráfico que mostra o número de pixels numa imagem em cada valor de intensidade diferente originado nessa imagem. Existem 256 intensidades diferentes possíveis para uma imagem de escala de cinzentos de 8 bits, pelo que o histograma apresentará graficamente 256 números que mostram a distribuição dos pixels entre esses valores de escala de cinzentos [23].

Para uma dada imagem à escala de cinzentos com 8 bits/pixel e 256 níveis de intensidade de cinzentos, o histograma dos níveis de intensidade é definido por uma função h (g), para cada nível de intensidade g e. [1 - L], em que L é definido como o nível de cinzentos, o número de pixéis na imagem que têm intensidade igual a g é dado pela equação (2-6) [22]: (2-6)H(u) = Ng (I)

Onde: Ng-representa o número de pixéis na imagem a uma dada intensidade g.

II. Equalização do histograma Contraste

As distribuições de probabilidade são normalmente definidas em termos da função de densidade de probabilidade (PDF). No entanto, existem várias funções de probabilidade que são utilizadas em aplicações [6].

Para uma distribuição discreta, a PDF é a probabilidade de a variante assumir o valor x, como na equação (2-7) e denotada pela figura (24) [21].

$$f(x) = Pr[X = x] \ (2\text{-}7)$$

Onde: Pr é a PDF

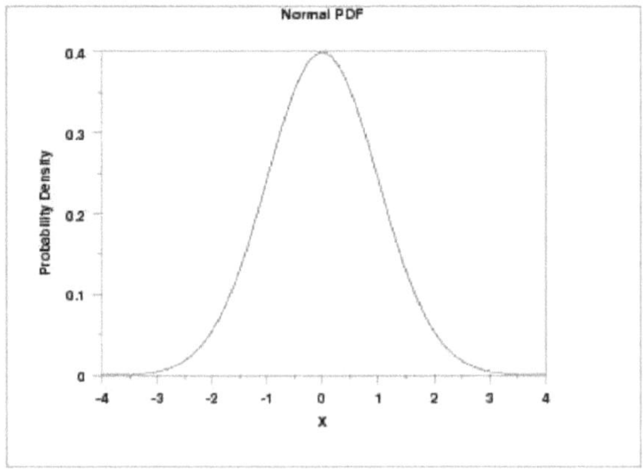

Figura (2-4): O gráfico da função de densidade de probabilidade normal.

A função de distribuição cumulativa (CDF) é a probabilidade de a variável assumir
um valor menor ou igual a x [12]. Ou seja

$$F(x) = Pr\,[X < x] = ct\ (2\text{-}8)$$

Onde: a é constante

Para uma distribuição discreta, a CDF pode ser expressa como na equação (2-9) e
denotada pela figura (2-5).

$$F(x) = E^{*}_{=0}\,f(x)\ (2\text{-}9)$$

Segue-se o gráfico da função de distribuição cumulativa normal.

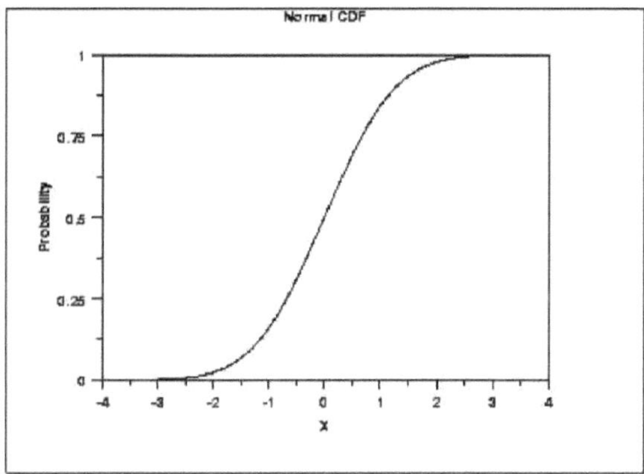

Figura (2-5): Distribuição CDF normal.

Considere-se uma imagem discreta à escala de cinzentos {x} e seja n_i o número de
ocorrências do nível de cinzento i. A possibilidade de ocorrência de um pixel de nível
i na imagem é dada pela equação (210):

$$p_x(i) = P(x = i) = \frac{n_i}{n},\ 0 \le i < L - 1 \qquad (2 - 10)$$

Onde: L é o número total de níveis de cinza na imagem (tipicamente 28= 256), N é o
número total de pixels na imagem, e p_x (i) é o histograma da imagem para o valor do
pixel i, normalizado para [0,1].

Além disso, é definida a função de distribuição cumulativa correspondente a px como
na equação (2-11) [6]:

$$CDF_x(i) = \sum_{j=0}^{i} p_x\,(j) \qquad (2 - 11)$$

Também o histograma normalizado recolhido da imagem. Uma transformação
da forma $y = T(x)$ para produzir uma nova imagem f(y), com um histograma
plano. Esta imagem teria uma função de distribuição cumulativa (CDF)
linearizada ao longo do intervalo de valores da equação (212).

$$CDF_yX(i) = iK \qquad (2-12)$$

Onde: K é uma constante.

As propriedades do CDF permitem que uma transformada efectue essa função de distribuição inversa; esta é definida na equação (2.13)[6]. $CDF_y\ (y) = CDF_y\ (T(k)) = CDF_x\ (k)\ (2\text{-}13)$

Onde: k está no intervalo [0, L). Nota-se que T mapeia os níveis para o intervalo [0, 1], uma vez que é utilizado um histograma normalizado de f(x). A seguinte transformação simples precisa de ser aplicada na equação resultante (2-14) para mapear os valores de volta ao seu intervalo original [21]: $y = y\ (\text{max fix}) \text{- min f(x)}) \text{- min f(x))} \qquad (2\text{-}14)$

O CDF deve ser normalizado para [0,255]. A fórmula geral de equalização do histograma está na equação (2-15) [21]:

$$h(v) = \text{round}\left(\frac{cdf(v) - cdf_{min}}{(MxN) - cdf_{min}} x(L-1)\right) \qquad (2-15)$$

Onde: CDF_{min} é o valor mínimo não nulo da função de distribuição cumulativa, M x N é o número de pixéis da imagem (M é a largura e N a altura) e L é o número de níveis de cinzento utilizados (na maioria dos casos, como neste, 256).

Note-se que, para escalar valores nos dados originais que estão acima de 0 para o intervalo de 1 a L-1, inclusive, a equação acima seria a equação (2-17) [6]:

$$h(v) = round\left(\frac{cdf(v) - cdf_{min}}{(MxN) - cdf_{min}} x(L-2)\right) + 1 \qquad (2-17)$$

Onde : CDF (v) > 0. O escalonamento de 1 a 255 mantém o carácter não nulo do valor mínimo.

A fórmula de equalização para o exemplo de dados de escala de 0 a 255, inclusive, é apresentada na equação (2-18) e na figura (2-6) [5]:

$$h(v) = \text{round}\left(\frac{cdf(v) - 1}{63} x255\right) \qquad (2-18)$$

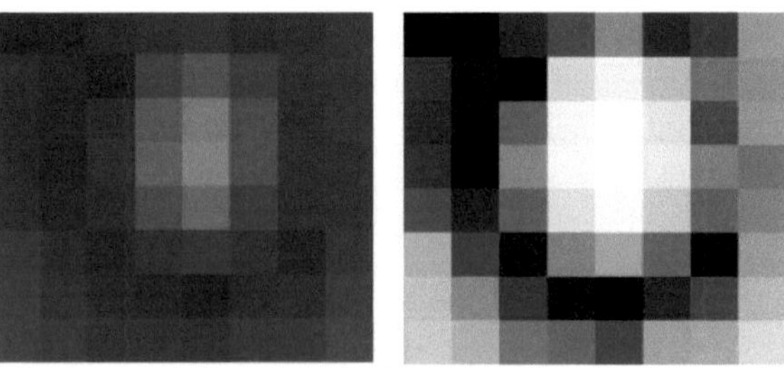

Figura (2-6): A sub-imagem 8X8 antes e depois da equalização.

III. Alongamento de contraste linear

A técnica de alongamento do contraste linear é modificada e está relacionada com a transformação do valor da parte de brilho da imagem. Pode ser medida pelo valor mais baixo do contraste de brilho (nível de cinzento = 0) até ao valor mais alto do contraste de brilho (nível de cinzento = 255) para completar o nível da escala de cinzentos. Um valor de brilho entre 0-255 seria distribuído e poderia ser calculado com a equação (2-19) [24]:

$$g(x,y) = T[f(x,y)] \qquad (2-19)$$

Onde: g (x,y) é um valor de brilho da área na imagem na saída, f (x,y) é o valor de brilho da área na entrada, e T é a função para a transformação linear.

A normalização é um processo que altera a gama de valores de intensidade de pixéis no processamento de imagens. As aplicações contêm fotografias com fraco contraste devido a reflexos, por exemplo. A normalização é ocasionalmente designada por alongamento do contraste ou alongamento do histograma. Em domínios mais gerais do processamento de dados, como o processamento digital de sinais, é identificada como expansão da gama dinâmica [25].

O objetivo da expansão da gama dinâmica em diferentes aplicações é principalmente trazer a imagem, ou outro tipo de sinal, para uma gama mais familiar ou normal para os sentidos, daí o termo normalização. O incentivo é alcançar consistência na gama dinâmica para um conjunto de dados, sinais ou imagens, de modo a evitar distração ou exaustão mental.

IV. Suavização da imagem

Os filtros estatísticos de ordem são normalmente filtros não lineares, que dificilmente são representados por convolução. Os filtros mais utilizados são o filtro mediano. Existem outros filtros, como o filtro mínimo e o filtro máximo, mas o conceito de filtragem consiste em substituir o valor do elemento do pixel de processamento numa matriz de imagem pelo valor mínimo dos seus vizinhos, incluindo ele próprio [28]. Repetidamente, remove os valores dos pixels que não representam a sua vizinhança. Este filtro também se baseia num kernel para representar a forma e o tamanho da vizinhança a ser amostrada enquanto o mínimo é calculado. O kernel quadrado 3X3 é frequente na prática, no entanto, nos casos em que é necessário um elevado grau de suavização, é possível utilizar kernels maiores, como 5X5, 7X7, etc. [29]. O filtro mínimo é um filtro estatístico não linear utilizado para eliminar o ruído e suavizar a imagem [28].

2.10 Conversão de imagens em escala de cinzentos para imagens binárias

As imagens binárias são normalmente obtidas através da limiarização de uma imagem de nível de cinzento. Os pixels com um nível de cinzento superior ao limiar são definidos como 1 (equivalente a 255), enquanto os restantes são definidos como 0. Obtém-se assim um objeto branco sobre um fundo preto (ou vice-versa, com base nos valores relativos de cinzento do objeto e do fundo). Naturalmente, o 'negativo' de uma imagem binária é também uma imagem binária, simplesmente uma imagem em que os valores dos pixéis foram invertidos (ver Figura (2-7)).

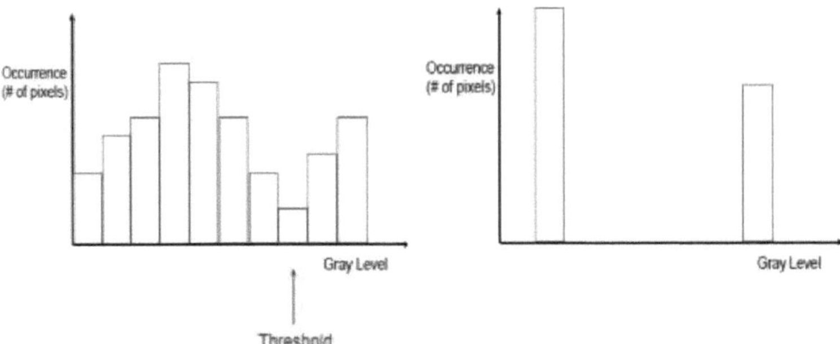

Figura (2-7): Limiarização da imagem em escala de cinzentos.

I. Algoritmo de Otsu

Em visão computacional e processamento de imagem, o método de Otsu, nomeado em homenagem a Nobuyuki Otsu, é usado para realizar automaticamente a limiarização de imagens baseada em agrupamento, ou seja, a redução de uma imagem de nível de cinza para uma imagem binária. No método de Otsu, procura-se exaustivamente o limiar que minimiza a variância intra-classe (a variância dentro da classe), definida como uma soma ponderada das variâncias das duas classes [30].

II. Limiar global

Suponhamos que os pixels são divididos em duas classes C_b e C_f (fundo e primeiro plano) por um limiar de nível t; então C_b denota pixels com níveis
[1, 2, 3,,......, t];onde n média de cada pixel ;N:(linha x coluna) e C_f
representa os pixéis com níveis $(t+1,t+2, , L)$.
Os cálculos para encontrar as variâncias de fundo e de primeiro plano para um único limiar t são apresentados de seguida.
Para a classe de pixéis de fundo C_b equações (2-20), (2-21) e (2-22) [31]:

$$weight\ w_b = \sum_{i=1}^{t} \frac{n_i}{N} \qquad (2-20)$$

$$mean\ \mu_b = \frac{\sum_{i=1}^{t} i * n_i}{\sum_{i=1}^{t} n_i} \qquad (2-21)$$

$$variance\ \delta_b^2 = \frac{\sum_{i=1}^{t}(i-\mu_b)^2 * n_i}{\sum_{i=1}^{t} n_i} \qquad (2-22)$$

Para a classe de pixéis de primeiro plano C_f equações (2-23), (2.24) e (2-25) [31]:

$$\text{weight } w_f = \sum_{i=t+1}^{L} \frac{n_i}{N} \qquad (2-23)$$

$$\text{mean } \mu_f = \frac{\sum_{i=t+1}^{L} i * n_i}{\sum_{i=1}^{t} n_i} \qquad (2-24)$$

$$\text{variance } \delta_f^2 = \frac{\sum_{i=t+1}^{L} (i - \mu_f)^2 * n_i}{\sum_{i=1}^{t} n_i} \qquad (2-25)$$

O passo seguinte consiste em calcular a equação da 'Variância dentro da classe' (226), que é simplesmente a soma das duas variâncias multiplicada pelos seus pesos associados [30]:

$$\text{variância intra - classe } \sigma_w^2 = w_b \delta_b^2 + w_f \delta_f^2 \qquad (2-26)$$

Este valor final é a "soma das variâncias ponderadas" para o valor limiar t. Este mesmo cálculo tem de ser efectuado iterativamente para todos os valores limiares possíveis de 1 a L.

Finalmente, é selecionado um limiar T, que tem a "soma das variâncias ponderadas" mais baixa, para ser o limiar final globalmente selecionado. Todos os pixéis com um nível inferior a T são de fundo, todos os que têm um nível superior ou igual a T são de primeiro plano [30].

2.11 Vizinhança e conetividade

Esta secção descreve a vizinhança e a conetividade da seguinte forma:

I. Bairros

Para muitas operações, a distinção de objectos depende da convenção utilizada para decidir se os pixels estão ligados. Existem duas convenções diferentes normalmente utilizadas: vizinhanças 4-conectadas ou 8-conectadas.

Numa vizinhança com 8 ligações, todos os pixels que tocam no pixel de interesse são considerados, incluindo os que se encontram nas diagonais. Isto significa que se dois pixels estiverem ligados, fazem parte do mesmo objeto, independentemente de estarem ligados ao longo da direção horizontal, vertical ou diagonal (ver figura (2.8)). Numa vizinhança com 4 ligações, os pixels ao longo das diagonais não são considerados. Isto significa que um par de pixels adjacentes só faz parte do mesmo objeto se ambos estiverem na direção horizontal ou vertical e se estiverem ligados entre si [32].

O tipo de vizinhança afecta o número de objectos encontrados numa imagem e os limites desses objectos são escolhidos. Por conseguinte, os resultados das operações baseadas em objectos diferem frequentemente para os dois tipos de vizinhanças.

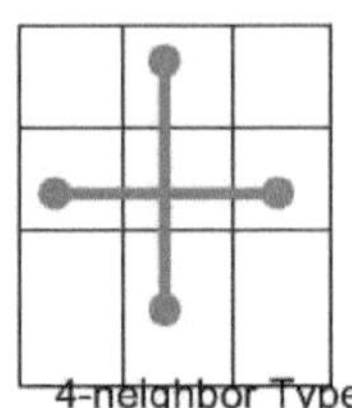

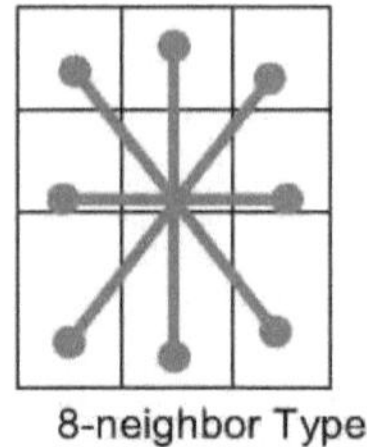

Figura (2-8): Tipos de bairros.

II. Rotulagem de componentes ligados

A etiquetagem de componentes ligados (ou, por vezes, conhecida como análise de componentes ligados, extração de bolhas, etiquetagem de regiões, descoberta de bolhas ou extração de regiões) é uma aplicação algorítmica da teoria dos grafos, em que os subconjuntos de componentes ligados são etiquetados exclusivamente em função de uma determinada heurística. A etiquetagem de componentes ligados não deve ser confundida com segmentação.

A etiquetagem por componentes ligados é utilizada na visão computacional para identificar regiões ligadas em imagens digitais binárias, embora as imagens a cores e os dados com maior dimensionalidade também possam ser processados [32][33]. A etiquetagem de componentes ligados pode funcionar com uma variedade de informações quando integrada num sistema de reconhecimento de imagens ou numa interface de interação homem-computador. A extração de blobs é normalmente realizada na imagem binária resultante de um passo de limiarização. Os blobs podem ser contados, filtrados e seguidos [32].

As verificações de conetividade são efectuadas através da verificação das etiquetas dos pixels vizinhos (os elementos vizinhos cujas etiquetas ainda não foram atribuídas são ignorados), ou podem ser o Nordeste, o Norte, o Noroeste e o Oeste do pixel atual (assumindo 8 conectividades). A conetividade 4 utiliza apenas os vizinhos Norte e Oeste do pixel atual. As seguintes condições são testadas para definir o valor da etiqueta que é atribuída ao pixel atual (assumindo conetividade 4)

  As condições devem ser para testar se:
1.   O pixel à esquerda (Oeste) tem o mesmo valor que o pixel atual?
    i. Se for Sim: Atribuir a mesma etiqueta ao pixel atual
    ii. Se for Não: Verificar a condição seguinte
2. Ambos os pixéis a norte e oeste do pixel atual têm o mesmo
        que o valor do pixel atual, mas não a mesma etiqueta:
i. Se for Sim: Atribuir ao pixel atual o mínimo das etiquetas Norte e Oeste e registar
        a sua relação de equivalência
    ii. Se for Não: Verificar a condição seguinte
3. O pixel à esquerda (Oeste) tem um valor diferente e o pixel à
    Norte o mesmo valor que o pixel atual:

i. Se for Sim: Atribuir a etiqueta do píxel Norte ao píxel atual
   ii. Se for Não: Verificar a condição seguinte
4. Os vizinhos norte e oeste do pixel têm valores de pixel diferentes dos do pixel
   atual:
      i. Se for Sim: Crie um novo ID de etiqueta e atribua-o ao pixel atual.
      ii. Se for Não: continuar.
O algoritmo continua desta forma e cria novas etiquetas de região sempre que
necessário. A chave para um algoritmo rápido, no entanto, é a forma como esta fusão
é efectuada. Este algoritmo utiliza a estrutura de dados union-find, que oferece um
desempenho brilhante para manter o registo de relações equivalentes [19].

(a) A primeira passagem
1. Repetir cada item dos dados, primeiro por coluna e depois por linha (digitalização
mais rápida)
2. Se o elemento não for o fundo
            i. Obter os elementos vizinhos do elemento atual
ii. Rotular de forma única o elemento atual e prosseguir se não houver vizinhos.
iii. Por outro lado, encontrar o vizinho com a etiqueta mais pequena e atribuí-lo ao
item atual.
iv. Armazenamento da equivalência entre rótulos vizinhos

(b) A segunda passagem
   1. Repetir cada item dos dados, primeiro por coluna e depois por linha.
2. Reetiquetar o elemento com a etiqueta equivalente mais baixa se o elemento
não é o fundo. Neste caso, o fundo é uma classificação, fixada nos dados, utilizada
para distinguir os itens salientes do primeiro plano.
O algoritmo de duas passagens tratará o fundo como outra região se a variável de
fundo for omitida. Por exemplo,
i. O grupo a partir do qual as regiões unidas devem ser extraídas é apresentado a
seguir (com base na conetividade 8). Em primeiro lugar, são atribuídos valores
binários diferentes aos elementos do gráfico. Deve ter-se em atenção que os valores
"0~1" escritos no centro dos elementos no diagrama seguinte são os valores dos itens.
Por outro lado, os valores "1,2,...,7" nos dois diagramas seguintes são as etiquetas dos
itens. Os dois conceitos não devem ser confundidos.
ii. Após a primeira passagem, são efectuados os seguintes rótulos, conforme indicado
no quadro (2-3). No total, são efectuadas 7 etiquetas de acordo com as condições
acima mencionadas.

Quadro (2-3): relações entre etiquetas.

		1	1			2	2			3	3			4	4	
	1	1	1	1	1	1	1	1			3	3	3	3		
			1	1	1	1				3	3	3	3			
		1	1	1	1			3	3	3				3	3	
	1	1	1			1	1				3	3	3			
		1	1				5	3						3	3	
					6	6	5	3			7	3	3	3		

As relações de equivalência de etiquetas criadas encontram-se na Tabela (2-4) Tabela (2-4): relações de equivalência de etiquetas.

Definir ID	Etiquetas equivalentes
1	1,2
2	1,2
3	3,4,5,6,7
4	3,4,5,6,7
5	3,4,5,6,7
6	3,4,5,6,7
7	3,4,5,6,7

iii. A matriz feita após a integração dos rótulos é efectuada. Aqui, o valor do rótulo que era o menor para uma determinada região "inunda" toda a região unida e dá dois rótulos diferentes, resultando em dois rótulos diferentes, conforme indicado na tabela (2-5).

Tabela (2-5): mostra a matriz após a fusão das etiquetas.

		1	1			1	1			3	3			3	3	
	1	1	1	1	1	1	1	1			3	3	3	3		
			1	1	1	1				3	3	3	3			
		1	1	1	1			3	3	3				3	3	
	1	1	1			1	1				3	3	3			
		1	1				3	3						3	3	
					3	3	3	3			3	3	3	3		

iv.	O resultado final a cores permite ver claramente duas regiões diferentes que foram encontradas na matriz, como mostra a tabela (2-6).

Quadro (2-6): matriz após a fusão das etiquetas.

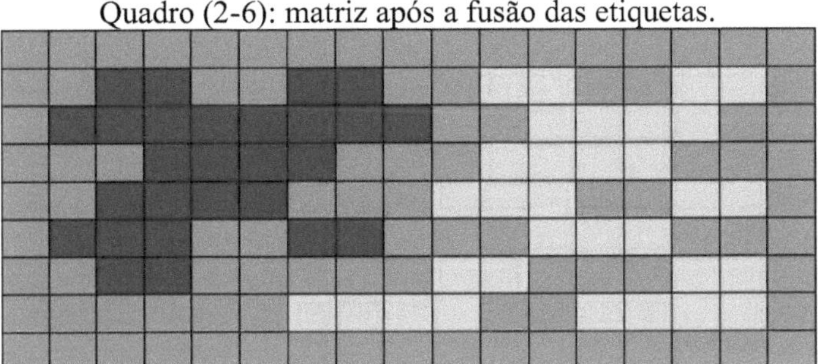

2.12 Extração de características

As características extraídas fornecem informações úteis para a classificação de células em cancerosas ou não cancerosas. A extração de características inclui operações morfológicas. Extrai características que contêm informações quantitativas dos objectos de interesse. As características de forma são as áreas da célula e do núcleo, o perímetro da célula, a relação entre o núcleo e a área total da célula, o limite do núcleo e o fator de circularidade [33]. Mais uma vez, a extração de características significa transferir os dados de entrada para um conjunto diferente de características. No sistema proposto, foram observadas três características das células linfocitárias: área, perímetro e circularidade, porque a forma do núcleo é uma caraterística importante para a diferenciação dos blastos.

I. Área

A área foi determinada pela contagem do número total de pixéis sem zero na região da imagem.

II. Perímetro

Qualquer pixel cujas quatro vizinhanças sejam brancas não é seguramente um pixel de fronteira, uma vez que se encontra no interior da célula. Assim, o número de pixels cujas quatro vizinhanças são brancas é o mesmo. E se subtrairmos este valor à área total da imagem, obtemos a área exterior
a célula ao longo do perímetro da célula

III. Circularidade

O parâmetro adimensional que varia com as irregularidades da superfície e é definido na equação (2-27):

$$Circularidade = (4 * JT * área)/[perímetro]^2 .... (2 - 27)$$

IV.   Fator de forma $== \dfrac{4\pi S}{P^2}$

V.   Relação entre o eixo da célula menor=N e o eixo da célula maior=M (N/M)

2.13 Redes Neuronais Artificiais (RNA)

Uma Rede Neural Artificial (RNA) é um modelo matemático que tenta simular a estrutura e as funcionalidades das redes neurais biológicas. O elemento básico de cada RNA é o neurónio artificial, ou seja, um modelo matemático simples (função), que tem três conjuntos de regras simples: multiplicação, soma e ativação. Na entrada do neurónio artificial, as entradas são múltiplas com peso individual. Na secção intermédia do neurónio artificial encontra-se a função de soma, que soma todas as entradas ponderadas e a polarização. À saída do neurónio artificial, a soma das entradas previamente ponderadas e a polarização passam pela função de ativação, também chamada função de transferência [38].

2.13.1 Neurónio artificial

O neurónio artificial é um elemento básico de cada RNA. A sua conceção e funcionalidades são derivadas da observação de um neurónio biológico, que é o elemento básico dos gânglios biológicos. A Figura (2-9) representa um neurónio artificial com as suas entradas, pesos, função de transferência, polarização e saídas [39].

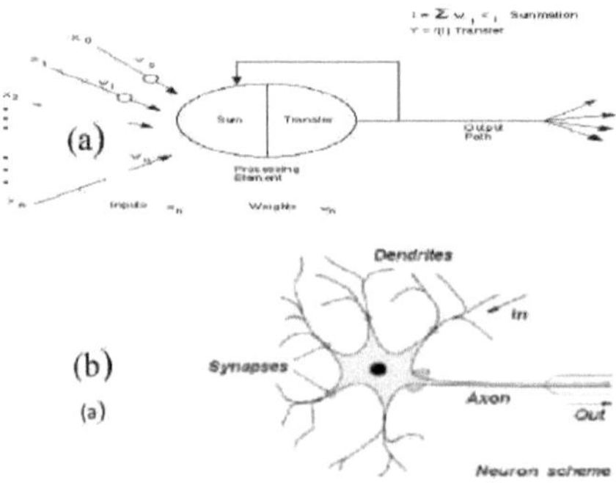

Figura (2-9): Neurónio artificial (a) e desenho biológico (b).

No caso dos neurónios biológicos, a informação entra no neurónio através dos dendritos, alguns processam a informação e esta continua através do axónio. No caso dos neurónios artificiais, a informação entra no corpo de um neurónio artificial através de entradas que são ponderadas (cada entrada pode ser multiplicada individualmente por um peso). O corpo de um neurónio artificial soma então as entradas ponderadas, polariza e processa a soma com uma função de transferência. No final, o neurónio artificial transmite a informação processada através da(s) saída(s). A vantagem da simplicidade do modelo de neurónio artificial pode ser vista na sua descrição matemática [39]:

$$y(k) = F\left(\sum_{i=0}^{m-1} w_i(k)\, x_i(k) + b\right) \qquad (2-28)$$

Em que: $x_i(k)$ é o valor de entrada no tempo discreto k, *em que* I vai de *0* a *m-1, W(k)é* o valor do peso no tempo discreto *k,* em que *I* vai de *0* a *m-1,bis* bias, F é a função de transferência *y(k)* é o valor de saída no tempo discreto *k*.

Como se pode ver no modelo de um neurónio artificial na Figura (2-9) e na sua equação (2-28), a principal variável desconhecida do nosso modelo é a sua função de transferência. A função de transferência define as propriedades do neurónio artificial e pode ser qualquer função matemática. É escolhida com base no problema que o neurónio artificial (rede neuronal artificial) tem de resolver e, na maioria dos casos, é escolhida a partir do seguinte conjunto de funções de ativação: função degrau, função linear, função não linear (sigmoide) e função rampa [38].

2.13.2 Função de ativação

A maioria das unidades da rede neural transforma as entradas da sua rede utilizando uma função escalar-para-escalar designada por função de ativação, que produz um valor designado por ativação da unidade. Exceto no caso das unidades de saída, o valor de ativação é transmitido a uma ou mais unidades. Algumas das funções de ativação mais utilizadas são [40]:

1. Função degrau, também conhecida como função limiar. A saída desta função é limitada a um dos dois valores (1 ou -1), a fórmula matemática é a seguinte: equação (2-29)

$$g(x) = \begin{cases} 1 & if\ x \geq 0 \\ -1 & if\ x < 0 \end{cases} \qquad (2-29)$$

Este tipo de função é frequentemente utilizado em redes de camada única.

2. Função linear, a fórmula matemática é:

$$G(x) = x \qquad (2-30)$$

É óbvio que as unidades de entrada utilizam a função de identidade.

Por vezes, uma constante é multiplicada pela entrada líquida para formar uma função linear.

3. Função não linear (sigmoide), existem duas funções nesta categoria:

i. Não bipolar (sigmoide): Esta função é especialmente vantajosa para uso em RNAs treinadas por retropropagação; porque é fácil de diferenciar e, portanto, pode reduzir drasticamente a carga de computação para treinamento. Aplica-se a aplicações cujos valores de saída desejados estão entre 0 e 1. Nesse caso, será utilizada a equação (2-31):

$$G(x) = \frac{1}{1 + e^{-x}} \qquad (2-31)$$

ii.

iii.   Sigmoide bipolar: Esta função tem propriedades semelhantes às da sigmoide unipolar. Funciona bem para aplicações que produzem valores de saída no intervalo de [-1, 1]. A fórmula matemática é:

$$g(x) = \frac{1 - e^{-x}}{1 + e^{-x}} \qquad (2-32)$$

iv.

4.Função de rampa: A função de rampa combina a função linear e a função de passo.

A função de ativação para as unidades ocultas é necessária para introduzir a não linearidade nas redes. A razão é que a composição da linearidade (ou seja, a capacidade de representar funções não lineares) torna as redes multicamadas tão poderosas. Praticamente qualquer função não linear serve, embora para a aprendizagem por retropropagação ela deva ser diferenciável e seja útil se a função for limitada. As funções sigmóides são as escolhas mais comuns [40].

2.13.3   Topologias de rede

A topologia de uma rede é definida pelo número de camadas, o número de unidades por camada e os padrões de interconexão entre camadas. Em geral, são divididas em duas categorias com base no padrão de ligações [39]:

A. Redes de realimentação: em que o fluxo de dados das unidades de entrada para as unidades de saída é estritamente de realimentação. O processamento de dados pode estender-se por várias camadas de unidades, mas não existem ligações de retorno. Ou seja, não são permitidas conexões que se estendam das saídas das unidades para as entradas das unidades na mesma camada ou em camadas anteriores [41]. A Figura (2-10) mostra um modelo de uma rede multicamada feedforward. As redes feed-forward são o principal objetivo do nosso trabalho.

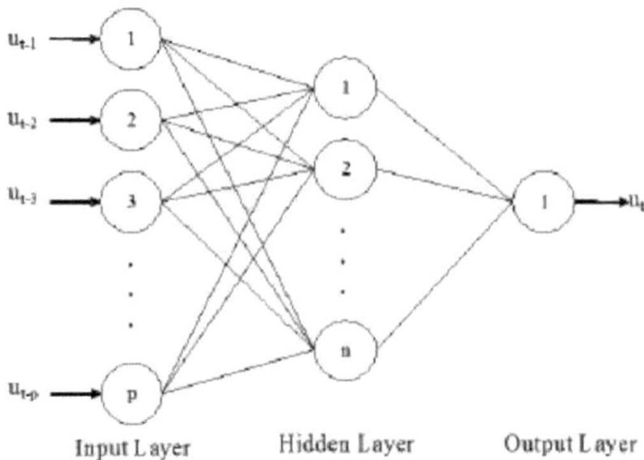

Figura (2-10): Um modelo de uma rede multicamada feed-forward.

Uma rede multicamada feed-forward é constituída por um determinado número de camadas, e cada camada contém um determinado número de unidades. Existe uma camada de entrada, uma camada de saída e uma ou mais camadas ocultas entre a camada de entrada e a camada de saída. Cada unidade recebe as suas entradas diretamente da camada anterior (exceto as unidades de entrada) e envia a sua saída diretamente para as unidades da camada seguinte (exceto as unidades de saída). Obviamente, esta classe de rede é mais fácil de analisar teoricamente do que outras topologias gerais, porque as suas saídas podem ser representadas com funções explícitas das entradas e dos pesos [39].

B. Redes recorrentes: são redes que contêm ligações de retorno. Ao contrário das redes de realimentação, as propriedades dinâmicas da rede são importantes. Em alguns casos, os valores de ativação das unidades passam por um processo de relaxamento, de modo que a rede evolui para um estado estável em que a dose de ativação não se altera mais. Noutras aplicações, em que o comportamento dinâmico constitui a saída da rede, as alterações dos valores de ativação das unidades de saída são significativas [40].

Aprendizagem em rede

A funcionalidade de uma rede neuronal é determinada pela combinação da topologia (número de camadas, número de unidades por camada e padrão de interligação das camadas) e dos pesos das ligações dentro da rede. A topologia é normalmente mantida fixa e os pesos são determinados por um determinado algoritmo de treino. O processo de ajustar os pesos para que a rede aprenda a relação entre os inputs e os objectivos é designado por aprendizagem ou treino. Foram inventados muitos algoritmos de aprendizagem para ajudar a encontrar um conjunto ótimo de pesos que resulte na solução dos problemas. Podem, grosso modo, ser divididos em dois grupos principais [41]:

I. Aprendizagem supervisionada: A rede é treinada fornecendo-lhe entradas e saídas desejadas (valores-alvo). Estes pares de entradas e saídas são fornecidos por um professor externo ou pelo sistema que contém a rede. A diferença entre as saídas efectivas e as saídas desejadas é utilizada pelo algoritmo para adaptar os pesos da rede. É frequentemente apresentado como um problema de aproximação de funções - dados os dados de treino que consistem em pares de padrões de entrada x, e o correspondente alvo t, o objetivo é encontrar uma função $f(x)$ que corresponda à resposta desejada para cada entrada de treino. No nosso trabalho, as entradas para a RNA são vectores de características com seis valores que são calculados para imagens médicas distorcidas sem utilizar a imagem de referência [41].

II. Aprendizagem não supervisionada: Com a aprendizagem não supervisionada, não há feedback do ambiente para indicar se os resultados da rede estão correctos. A rede deve descobrir automaticamente características, regulamentos, correlações ou categorias nos dados de entrada. De facto, para a maioria das variedades de aprendizagem não supervisionada, os objectivos são os mesmos que as entradas. Por outras palavras, a aprendizagem não supervisionada desempenha normalmente a mesma tarefa que uma rede autoassociativa, comprimindo a informação das entradas [40].

2.14 Algoritmo de aprendizagem Back-Propagation

O algoritmo de retropropagação é o método mais utilizado para treinar redes multicamadas feed-forward. É um método de aprendizagem supervisionado e é uma generalização da regra delta. Além disso, pode ser aplicado a qualquer rede feed-forward com funções de ativação diferenciáveis [42].

A regra delta é também conhecida como regra do erro quadrático médio mínimo (LMSR). Com esta regra, a saída real de uma rede neural é comparada com a saída esperada. Essa regra é usada no treinamento supervisionado (porque o resultado esperado é especificado). Esta é a equação da regra delta:

$$\Delta\omega_{ki} = 2\alpha \times x_k \,(ideal - actual)i \qquad (2-33)$$

A Eq. (2 - 33) calcula a alteração necessária (delta) nos pesos do neurónio k para o neurónio i, a é a taxa de aprendizagem, e ideal é a saída desejada para o neurónio i^{th} e real é a saída real do neurónio i^{th}, o que significa que (ideal _ real) é o erro. A ideia básica das estratégias de aprendizagem Back-Propagation é a seguinte: O Back-Propagation funciona analisando a camada de saída e avaliando a contribuição para o erro de cada um dos neurónios da camada anterior. A camada anterior é ajustada para tentar minimizar a sua contribuição para o erro. Esse processo continua até que o programa tenha voltado para a camada de entrada [41, 42].

O algoritmo de aprendizagem Back-Propagation é explicado através de duas fases. A primeira fase é a Propagação, e a segunda fase é a atualização do peso [43].

Fase 1: Cada propagação tem estas duas etapas:

1. *Propagação com alimentação:* assim, cada propagação tem Propagação com alimentação da entrada de um padrão de treino através da RNA, para que possa gerar as activações de saída da Propagação.
2. *Back* Propagation das activações de saída da Propagação através da RNA, utilizando o alvo do padrão de treino, para poder gerar os deltas de todos os neurónios de saída e ocultos.

Fase 2: para cada peso de cada sinapse:

1. Multiplicar as activações de entrada da sinapse de peso pelo seu delta de saída, a fim de obter o gradiente de peso.

2. Levar o peso na direção oposta ao gradiente, subtraindo um rácio do mesmo ao peso. Este rácio é a chamada taxa de aprendizagem.

Agora, o passo 2 menciona as fases que devem ser repetidas até que o desempenho da RNA seja suficientemente bom [43].

2.15 Classificação de imagens

A classificação de imagens é um processo complexo que pode ser afetado por muitos factores. A seleção de um método de classificação adequado e a utilização eficaz de múltiplas características dos dados são particularmente importantes para melhorar a precisão da classificação. Os classificadores não paramétricos, como a rede neural, o classificador de árvore de decisão e a classificação baseada no conhecimento, tornaram-se progressivamente abordagens essenciais para a classificação de dados de várias fontes. No entanto, são necessárias mais investigações para identificar e reduzir as incertezas na cadeia de processamento de imagens, a fim de melhorar a exatidão da classificação [37].

Em geral, um sistema de classificação é concebido com base nas necessidades do utilizador, na resolução espacial dos dados de deteção remota seleccionados, na compatibilidade com trabalhos anteriores, nos algoritmos de processamento e classificação de imagens disponíveis e nas limitações de tempo. Esse sistema deve ser informativo, exaustivo e separável [38].

A distância é uma aplicação que formaliza a ideia de distância, que é o comprimento entre dois pontos. A distância permite-nos agrupar os indivíduos que são semelhantes e separar aqueles que não se assemelham [35]. Uma distância d $(x_i \, ; \, x_j)$ num espaço euclidiano E é uma aplicação E x E em R satisfazendo os seguintes axiomas [35]:

1- Não negatividade : $d(x_i; x_j) \geq 0$

2- Simetria: $d(x_i; x_j) = d(x_j \, ; \, x_i)$

3- Reflexividade: $d(x_i; x_j) \leftrightarrow x_i = xj$

4- Desigualdade triangular: $d\,(x_i; x_j) \leq d\,(x_i; x_k) + d(x_k; x_j)$

As distâncias entre dois pontos são definidas de muitas maneiras, embora
é geralmente dada pela distância euclidiana (ou distância 2), dados dois pontos x_{ir} e x_{ij} de E; a distância diferente é definida como na equação (233):

2.15.1 Algoritmo de classificação K-Nearest Neighbors (KNN)

O algoritmo do vizinho mais próximo (k-nearest neighbor) é um dos algoritmos mais utilizados na aprendizagem automática. É um método de aprendizagem baseado em instâncias que não requer uma fase de aprendizagem [36].

$$d(x_i, x_j) = \sqrt{\sum_{r=1}^{n} (x_{ir} - x_{jr})^2} \qquad (2-33)$$

A amostra de treino, associada a uma função de distância e à função de escolha da classe com base nas classes dos vizinhos mais próximos, é o modelo desenvolvido. Antes de classificar um novo elemento, é necessário compará-lo com outros elementos utilizando uma medida de semelhança.

Os seus k-vizinhos mais próximos são então considerados e a classe que aparece mais entre os vizinhos é atribuída ao elemento a classificar. Os vizinhos são ponderados pela distância que os separa dos novos elementos a classificar, como mostra a figura (2-11) [35].

O funcionamento correto do método depende da escolha de alguns parâmetros, como o parâmetro k, que representa o número de vizinhos escolhidos para atribuir a classe ao novo elemento, no caso do sistema proposto k=1, e é utilizada a equação da distância euclidiana (2-33) [36].

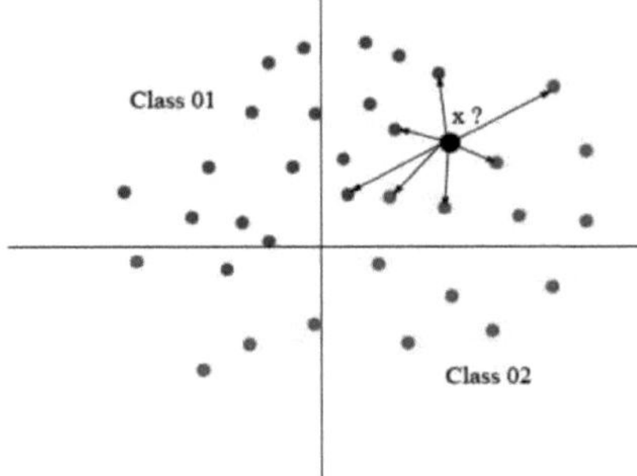

Figura (2-11): O método do K-vizinho mais próximo.

Capítulo 3

Sistema proposto de deteção e classificação de leucócitos

3.1 Introdução

A leucemia (LLA) pode ser detectada através da análise dos leucócitos. A análise dos leucócitos é efectuada manualmente, através de um processo de qualificação dos operadores, pelo que no nosso trabalho propusemos um sistema de deteção e classificação de leucócitos. Os leucócitos adjacentes são uma das principais técnicas utilizadas para evitar a adjacência entre eles. As características de extração serão extraídas por etapas. Neste trabalho, as características são extraídas em fases posteriores, como a área, o perímetro e a circularidade. Depois de detectados os leucócitos, são aplicados dois classificadores no nosso trabalho, como o k-vizinho mais próximo (KNN) e as redes neuronais artificiais (RNA), à saída da caraterística leucemia ou não. Na fase de extração posterior, para classificar se o doente é leucémico ou não, as secções deste capítulo abordarão temas relevantes relacionados com o sistema proposto, o pacote visual studio 2012 e a sua aplicação visual basic.net versão 2012 foram utilizados para a implementação do sistema proposto.

3.2 Proposta de sistema de deteção e classificação da leucemia linfocítica aguda (ALLDC)

O sistema proposto tem por objetivo ultrapassar os desafios encontrados nas técnicas tradicionais e também aumentar a precisão do sistema de classificação. Para atingir este objetivo, o sistema proposto de deteção e classificação da leucemia linfocítica aguda (ALLDC) seguirá quatro etapas principais de processamento, tais como: pré-processamento da imagem, segmentação, extração de características e etapas de classificação. O sistema ALLDC tem duas fases de segmentação da imagem de sangue e de extração de características após o pré-processamento ter efectuado algumas operações, como se mostra na Figura (3-1).

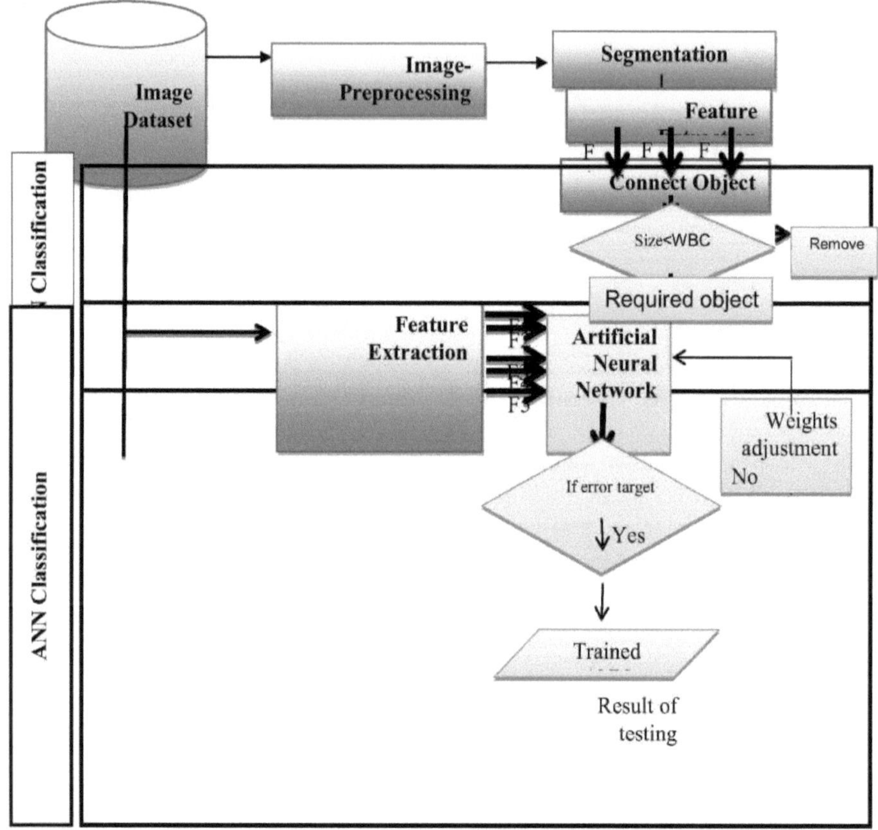

Figura (3-1): Proposta de tratamento da doença linfocítica aguda

Sistema de Deteção e Classificação da Leucemia (ALLDC).

A explicação de cada passo é apresentada na figura (3-1) em pormenor:

3.2.1. Aquisição de imagens

Precisamente para a comparação e avaliação de algoritmos de segmentação e classificação de imagens, os dados de imagem são recolhidos do conjunto de dados público e gratuito de imagens microscópicas de peças de sangue. A iniciativa centra-se na Leucemia Linfoblástica Aguda (LLA).

3.2.2. Pré-processamento de imagens

O principal objetivo do pré-processamento de imagens é melhorar o seu aspeto visual. Neste passo, a imagem JPEG recolhida do conjunto de dados mostrado nas Tabelas (3-1) e (3-2) é convertida para o espaço de cor BMP RGB-24 bit, a conversão é feita utilizando o programa executável jpg2bmp.exe, a Figura (3-2) mostra o programa de conversão após a execução [10].

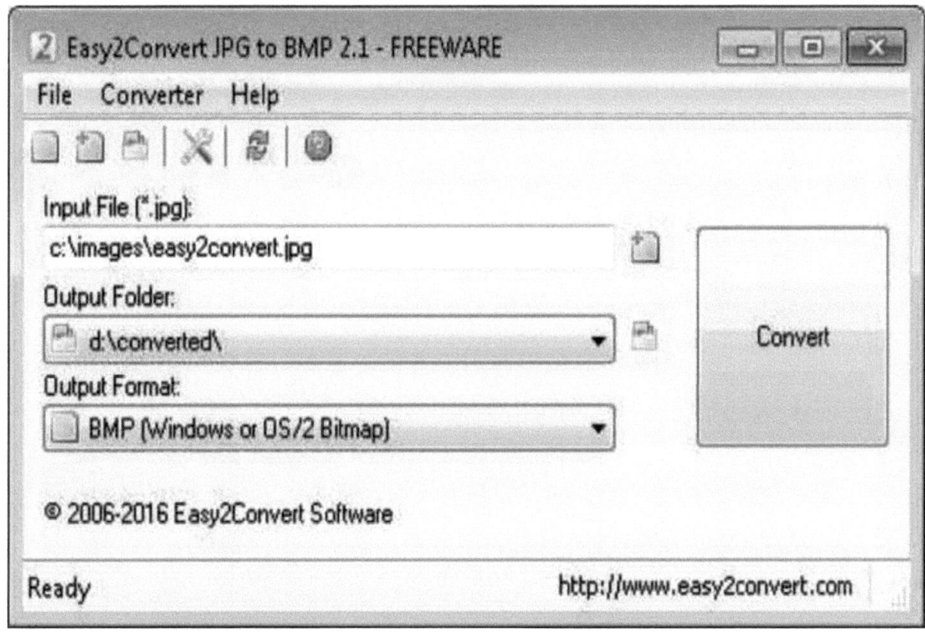

Figura (3-2): Janela da Interface de Conversão de Imagens.

3.2.3 Segmentação de imagens

A segmentação de imagens médicas é um processo vital para a deteção e o diagnóstico correctos de doenças. A segmentação de leucócitos torna-se uma questão importante porque a diferença entre eles, como normais ou doentes com leucemia, é uma técnica frequentemente aplicada à segmentação de imagens.

O seu objetivo básico é classificar os pixels de uma dada imagem em duas classes: os que pertencem a um objeto e os que pertencem ao fundo.

Os passos seguintes descrevem o processo de segmentação da imagem que será utilizado neste trabalho: As etapas de segmentação propostas podem ser resumidas na Figura (3-3):

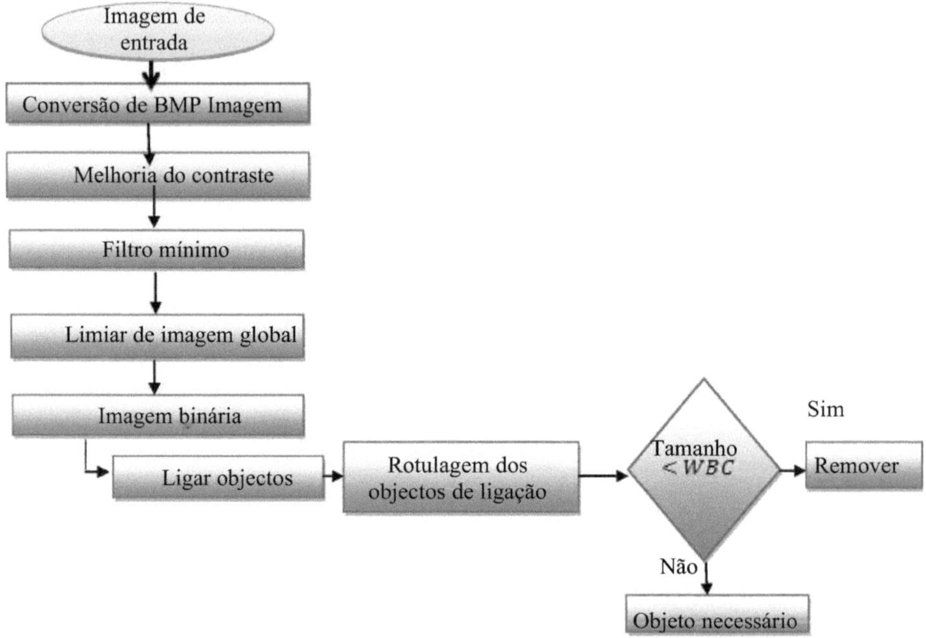

Figura (3-3): Os passos propostos para segmentar os leucócitos.

Todos os passos dos processos de segmentação apresentados na Figura (3-3) serão explicados em mais pormenor:

I. Conversão de imagens (RGB para escala de cinzentos)

Todos os algoritmos de escala de cinzentos utilizam os mesmos processos básicos de três passos:

1. Obter os valores de vermelho, verde e azul de um pixel com 24 bits
2. Utilize matemática simples para transformar esses valores num único valor de cinzento com 8 bits
3. Substituir os valores originais de vermelho, verde e azul pelo novo valor de cinzento

Ao descrever os algoritmos de escala de cinzentos, vamos concentrar-nos no passo 2 - utilizar a matemática para transformar os valores de cor num valor de escala de cinzentos. Para cada pixel de imagem com valores de vermelho, verde e azul (R, G, B), utilizamos a eq. (2-1) do método de conversão de luminosidade.

II. Melhoria do contraste

A equalização do histograma e a criação de contraste linear, bem como o processo de adição e subtração, serão utilizados para produzir imagens melhoradas. O contraste é a variação das características visuais que ajuda um objeto a distinguir-se de outros objectos e do fundo. Na perceção visual, o contraste é identificado através da variação do brilho e da cor do objeto em relação a outros objectos. Este sistema é mais sensível à variação do que à luminância absoluta. Assim, o mundo parece semelhante, independentemente das mudanças consideráveis na situação de iluminação. Dois algoritmos foram melhorados para conseguir o aumento do contraste e são aplicados para resolver estas dificuldades no processamento de imagens.

A. Equalização de histograma

A Equalização de Histograma ilustrada no algoritmo (3.1), quando aplicada a uma imagem em escala de cinzentos, produzirá uma equalização dos níveis de cinzento da imagem.

B. Engomagem com contraste linear

O método Linear Contrast Starching ilustrado no algoritmo (3.2), quando aplicado a uma imagem em escala de cinzentos, produzirá uma imagem melhorada.

C. Processo de combinação

Nesta etapa, o processo de combinação irá iluminar a maior parte dos detalhes na imagem melhorada, exceto os núcleos, uma vez que é realizada uma nova imagem denominada imagem de adição. $I_1 = A + B \ldots\ldots\ldots (3-4)$

D. Processo de subtração

O processo de subtração entre as imagens melhoradas resultou da equalização do histograma e do alongamento do contraste linear do histograma. Neste passo, notamos o processo de subtração que irá realçar todos os objectos e as suas fronteiras na imagem, incluindo os núcleos das células.

$I_2 = A - B \ldots (3-5)$

E. Processo de melhoramento extra

Duas imagens melhoradas resultam do processo de combinação e subtração, que serão somadas para obter uma nova imagem que contenha apenas os leucócitos. I_3 é a nova imagem do processo de otimização, ou seja

$I_3 = I_1 + I_2 \ldots (3-6)$

Nesta etapa, o processo de soma removerá quase todos os outros componentes do sangue, mantendo os núcleos com um efeito mínimo de distorção na parte dos núcleos dos glóbulos brancos.

Algoritmo (3.1): Equalização do histograma

Entrada: imagem de 8 bits em escala de cinzentos {x}. Saída: é produzida a imagem equalizada {y}.

Calcular o histograma da imagem para cada valor de pixel i:

$H_x(i) = \frac{n_i}{n}, \ 0 \leq i < L$

(Sendo L o número total de níveis de cinzento $2^8 = 256$)

Calcular a função de distribuição cumulativa correspondente a H_x como na fórmula abaixo:

$$CDF_x(i) = \sum_{j=0}^{i} H_x(j) \dots\dots (3-1)$$

Calcular o valor mínimo do CDF (CZ>F''₤ _)

Aplicar a função de igualização para cada pixel i em {x}

$$i_{new} = round\left(\frac{CDF(i) - CDF_{min}}{n \times L}\right) \dots\dots (3-2)$$

Algoritmo (3.2): Histograma de amálgama de contraste linear

Entrada: Imagem de 8 bits à escala de cinzentos {x}
Saída: Será produzida uma imagem optimizada {y}.
1. Calcular $L=2^8 -1$ (L=255)
2. Calcular o valor da intensidade mínima a.
3. Calcular o valor da intensidade máxima b.
4. Calcular a diferença entre os valores mínimo e máximo d=|b-a |
5. Aplicar a função de amido linear para cada pixel (i) numa imagem{x}

III. Filtro mínimo

O ruído pode ocorrer quando se aplica o processo de melhoramento da imagem, pelo que esta imagem necessita de utilizar um filtro de remoção de ruído. No ALLCD

$$i_{new} = \left[\frac{(i-a)}{d}\right] \times L \dots (3-3)$$

O filtro mínimo do sistema proposto é aplicado com uma janela de tamanho 3x3 em toda a imagem I_3. O filtro analisa cada pixel da imagem I_3 primeiro por linha e depois por coluna. O filtro funciona aplicando a janela de 3x3 píxeis e depois ordenando-a por ordem crescente, alterando a intensidade de cada píxel na janela de 3x3 com a intensidade do primeiro píxel (intensidade mínima).

IV. Limiar de imagem global

A imagem filtrada resultante da secção anterior deve ser convertida de escala de cinzentos para imagem binária. A técnica de limiarização (método de Otsu) é utilizada para efetuar esta conversão. As etapas de aplicação do método de Otsu são apresentadas no algoritmo (3.3) e a imagem binária I_3 é produzida.

V. Operações morfológicas

A abertura morfológica é utilizada para remover os pequenos grupos de pixéis que podem formar objectos falsos. A abertura morfológica é efectuada através da aplicação de erosão seguida de dilatação. A erosão é aplicada com um elemento estruturante de disco de forma 7x7, como mostra a Figura (3-4).

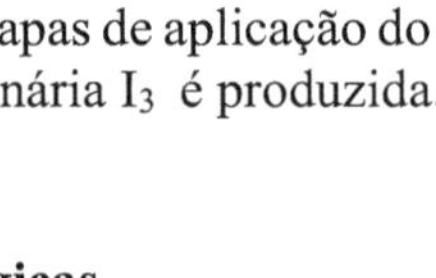

■	■	0,2	0,3	0,4	■	■
■	1,1	1,2	1,3	1,4	1,5	■
2,0	2,1	2,2	2,3	2,4	2,5	2,6
3,0	3,1	3,2	3,3	3,4	3,5	3,6
4,0	4,1	4,2	4,3	4,4	4,5	4,6
■	5,1	5,2	5,3	5,4	5,5	■
■	■	6,2	6,3	6,4	■	■

Figura (3-4): Elemento de estruturação do disco 7x7.

Algoritmo (3.3): Método de Otsu

Entrada: Imagem à escala de cinzentos {/ 3}
Saída: Imagem binária
1. Calcular o histograma da imagem:

$$H_x(i) = \frac{n_i}{n}, \qquad 0 \le i < L$$

(Sendo L o número total de níveis de cinzento 28=256)
2. Calcular o histograma cumulativo:

$$C = \sum_{i=0}^{L} H(i) * i$$

3. Selecionar um limiar e referi-lo como T,
3.1. Inicializar o peso do fundo W_b =0 e do   primeiro planoW_f =0, soma do histograma cumulativo b=0, entre=0, limiar=0, MAX=0
3.2. Intensidade inicial i=0
3.3. Calcular $w_b = w_b * H(i)$
3.4. Se w_b =0 obter a intensidade seguinte, GOTO 3.3
3.5. Calcular W =n-W_{fb}
3.10. Se wf=0 fixar a intensidade i=255 GOTO 3.2
3.11. Calcular a soma$_b$ = $\Sigma_{i=0}^{L} H(i) * i$
3.12. Calcular o valor médio para o fundo e o primeiro plano

$$m_f = \frac{C-sumb}{w_f} \qquad m_b = \frac{sumb}{w_b}$$
e

3.13. Calcular a variância entre classes internas
$$\text{Entre} = w_b * w_f * (m_b - m_f) * (m_b - m)_f$$
3.14 SE entre<=MAX então incrementar i, GOTO 3.3.
3.15. MAX=entre
3.16 Limiar=i
3.17 IF i=255 GOTO 3.15
3.18 GOTO 3.3
3.19 Limiar global final, T = limiar
4. Imagem de binários = imagem à escala de cinzentos > T
5. Assim, a transformação de uma imagem de entrada X numa imagem binária B a um limiar selecionado T, pode ser representado da seguinte forma:
    (a) bij =1 IF x_{ij}>T
    (b) bij=0 IF X_{ij}<T

Aqui bij =1, para os pixéis do objeto ou do primeiro plano e bij =0, para o fundo

61   pixéis.

Operação morfológica de abertura ilustrada no algoritmo (3.4) que produz uma nova imagem de abertura B imagem gerada.

IV. Objectos ligados

O algoritmo de objectos ligados será utilizado no sistema proposto. 8- A conetividade é utilizada para contar e localizar os núcleos dos leucócitos. Neste processo, a verificação da conetividade é efectuada através da verificação das etiquetas dos pixels vizinhos da imagem de abertura resultante do processo anterior. A segunda passagem apenas substitui cada rótulo de pixel pelo seu elemento representativo de conjunto disjunto equivalente quando a rotulagem inicial desenvolvida e o registo de equivalência estiverem concluídos.

Algoritmo (3.4): Operação morfológica de abertura

Entrada: imagem binária B.
Saída: Nova imagem de abertura B gerada
Começar

1. O elemento de estrutura de disco 7x7 é aplicado em A .

2. Processo de erosão aplicado na imagem B

    2.1 Digitalizar a imagem B linha a linha e depois coluna a coluna

    2.2 Comparar os elementos da SE_{7x7} com os elementos correspondentes na imagem B.

    2.3 Se não houver correspondência completa, o elemento central b_{3x3} =0 GOTO 3.5

    2.4 B3x3=1

    2.5 SE todas as linhas e colunas estiverem cobertas com sobreposição 6 em ambas, IR PARA 3.7

    2.6 Repetir 3.1 a 3.5

    2.7 É produzida uma nova imagem B- erodida.

3. O processo de dilatação aplica-se à imagem B erodida gerada na etapa 3.

    3.1 Pesquisa da imagem B linha a linha e depois coluna a coluna

    3.2 Comparar os elementos SE_{7x7} com os elementos correspondentes na imagem B.

    3.3 SE um elemento coincidir, o elemento central $b_{3x3=255}$ GOTO 3.5

    3.4 B3x3=1

    3.5 SE todas as linhas e colunas estiverem cobertas com sobreposição 6 em ambas, IR PARA 3.7

    3.6 Repetir 3.1 a 3.5

    3.7 É produzida uma nova imagem B de dilatação.

Fim.

3.2.5 Extração de características
A extração de características significa transferir os dados de entrada para um conjunto diferente de características. No sistema proposto pelo ALLCD, foram

observadas três características das células linfocitárias: área, perímetro e circularidade, fator de forma, eixo menor e eixo maior, porque a forma do núcleo é uma caraterística importante para a diferenciação dos blastos.

3.3 Algoritmo de classificação K-Nearest Neighbors (KNN)

A fase final do sistema proposto ALLCD dá uma decisão sobre a
Os leucócitos são normais ou leucémicos, utilizando o algoritmo de classificação K-Nearest Neighbors (KNN).
Todas as etapas de aplicação do algoritmo KNN são apresentadas no algoritmo (3.5).
Algoritmo (3.5): K-Nearest Neighbors KNN

Entrada: amostra de N e suas classes
Saída: c(Y) = c
Começar
1. Selecionar um valor para o parâmetro k (no sistema proposto k=1):
2. Entrada: Dar uma amostra de N exemplos e as suas classes.
3. A classe de uma amostra x é c(x):
4. Dar uma nova amostra y:
5. Determine os k-vizinhos mais próximos de y calculando as distâncias.
6. Combinar as classes destes y exemplos numa única classe c
7. Resultado : A classe de y é c(Y) = c

Fim.

3.4 Redes Neuronais Artificiais (RNA)

As principais etapas da classificação dos leucócitos utilizando o algoritmo supervisionado perceptron com o método de aprendizagem de retropropagação de feedback:

1. Parâmetros de entrada:

A^{10} - polarização - 1
XI = Rácio do tamanho da célula
= S (número de pixéis brancos) em relação à área total
= A (5/ Aj
X2 = Rácio do perímetro da célula
= P (número de píxeis de limite da célula) para o tamanho da célula
= S (P/S)

$$X3 = fator\ de\ forma = \frac{4\pi S}{P^2}$$

$$M = Arredondamento = drcu\char94 y = \frac{4S}{\pi M_{.}^2}\ .\ M\ é\ o\ eixo\ principal\ da\ célula$$

XS = Relação entre o eixo da célula menor = N e o eixo da célula maior = M (NjM)

2. Camadas de treino ANN :26 Células 5 estão infectadas e 21 estão limpas

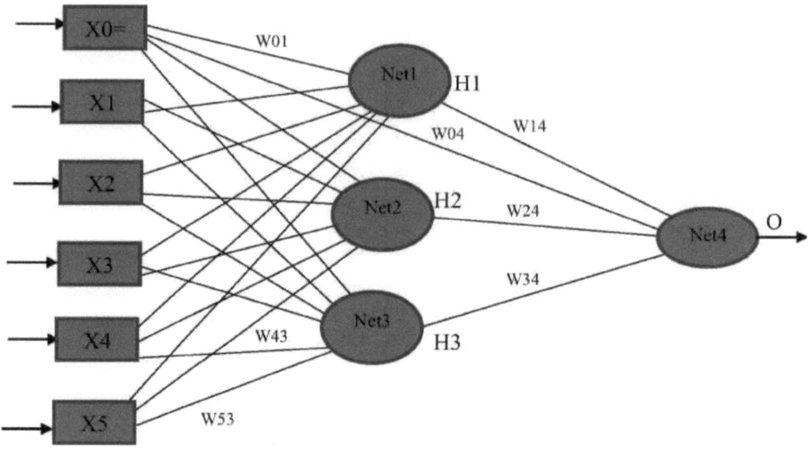

Figura (3-5): Algoritmo supervisionado com aprendizagem por retropropagação

Descrevemos agora o algoritmo supervisionado com aprendizagem por retropropagação que é apresentado na figura (3-5):

i.   Taxa de aprendizagem h =0.1

Definição dos pesos entre a camada de entrada e a camada oculta:

A diferença de Wij entre os números aleatórios chama-se x e varia entre (0 ->5) ou (0^ números dos nós de entrada)

E outro chamado y com intervalo entre (0^ números de nós em h) assim:

Wij=y-x, em que i=1,...,5 e j=1,...,3

ii.   Definição dos pesos entre a camada oculta e a camada de saída:

Wi4 diferença entre os números aleatórios, um é chamado x com intervalo entre (0 ->5) ou (0^ números de nós de entrada)

E outro chamado y com intervalo entre (0 ^número de nós na entrada+ número de nós na saída) assim:

Wi4=y-x, em que i=1,...,3

iii.   Definição de pesos entre polarização oculta e polarização de saída:

W0i diferença entre os números aleatórios, um é chamado x com intervalo entre (0 ->6) ou (0 ^número de nós na entrada+ número de nós na saída). E outro chamado y com intervalo entre (0^número de nós na entrada+número de nós na saída) assim:

W0i=y-x, em que i=1,...,4

iv. Camada oculta Saída

$$net4 = \sum_{j=1}^{3} w_{j4}H_j + W_{04}X_0 \quad ....(3-5)$$

$$O = f(net4) = \frac{1}{1+e^{-net4}} \quad ....(3-6)$$

v. iv. Saída da camada oculta

$$net_j = \sum_{j=1}^{3}\sum_{i=0}^{5} w_{ij}X_i$$

$$H_j = f(netj) = \frac{1}{1+e^{-netj}} \quad ....(3-4)$$

A função sigmoide é apresentada na figura (3-6)

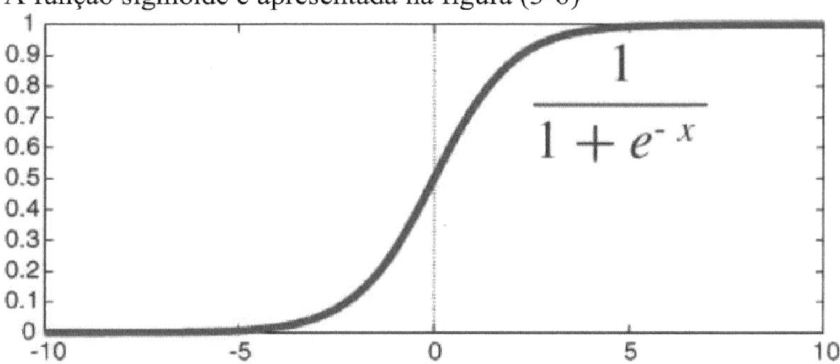

Figura (3-6): Função Sigmoide

vi. Saída PNN

vii. Calcular o erro

Err=t-O, em que t = resultado pretendido (0 para claro, 1 para explosivo) Atualizar os pesos da rede Se Err>0,003, como se indica a seguir: Atualização do sigma de saída e dos pesos ocultos

$$\delta_0 = O(1-O)Err$$
$$\Delta W_{i4} = \delta\, \partial H_i$$
$$W_{i4} = W_{i4} + \Delta W_{i4}$$

Atualização dos sigmas da camada oculta e dos pesos de entrada

$$\delta_j = H_j(1-H_j)\delta_0 W_{i4}$$
$$\Delta W_{ij} = \delta_j\, \partial X_i$$
$$W_{ij} = W_{ij} + \Delta W_{ij}$$

Atualização dos desvios com pesos ocultos

$$\Delta W_{0j} = \delta_j\, \partial bias$$
$$W_{0j} = W_{0j} + \Delta W_{0j}$$

Enviesamento com atualização dos pesos de saída

$$\Delta W_{04} = \delta_0\, \partial bias$$
$$W_{04} = W_{04} + \Delta W_{04}$$

3. Fase de classificação

Extrair as características x1, x2, x3, x4 e x5 de cada célula das imagens microscópicas e utilizar as equações 1 e 2 na página-2 e comparar o resultado obtido a partir da equação 2 com o limiar = 0,005 para as claras e > 0,95 para as infectadas, como nas Eqs. (3-4) (3-5) e (3-6):

$$O = f(net4) = \frac{1}{1+e^{-net4}} \begin{cases} < 0.005 & \text{clear} \\ > 0.95 & \text{Blast} \\ \text{otherwise} & \text{unknown} \end{cases}$$

Todas estas etapas (RNA) estão resumidas na Tabela (3-1)

Parâmetro	Definição
Entrada	5(Número de características)
Camada oculta	3 neurónios
Saída	Um neurónio
Função de ativação	Sigmoide
Regra de aprendizagem	Propagação posterior

Capítulo 4

Resultados experimentais

4.1 Introdução

Os resultados dos testes de desempenho são dedicados a apresentar e discutir os resultados dos testes efectuados para avaliar o desempenho do sistema proposto. O sistema proposto e todas as medições objectivas são implementados no ambiente de programação Microsoft Visual Basic.net 2012. O sistema proposto é apresentado na Figura (4-1).

4.2 Implementação do sistema ALLCD proposto

As etapas de implementação do sistema ALLCD proposto podem ser resumidas na figura (4-1).

Todas as etapas de implementação do sistema ALLCD proposto, apresentado na figura (4-1), serão explicadas em mais pormenor:

4.2.1 Pré-processamento de imagens

Na etapa de conversão da imagem, o sistema ALLCD proposto começa por transformar a imagem manchada original numa imagem à escala de cinzentos, que apresenta os núcleos dos leucócitos como as áreas mais escuras da imagem, como se mostra na Figura (4-2). A imagem à escala de cinzentos resultante do processo de conversão tem todos os componentes dos níveis de cinzentos concentrados no meio da gama dinâmica, ou seja, a imagem à escala de cinzentos resultante tem um baixo contraste de intensidade, pelo que é necessário melhorar os componentes de intensidade desta imagem. A figura (4-2) mostra o histograma da imagem convertida em escala de cinzentos.

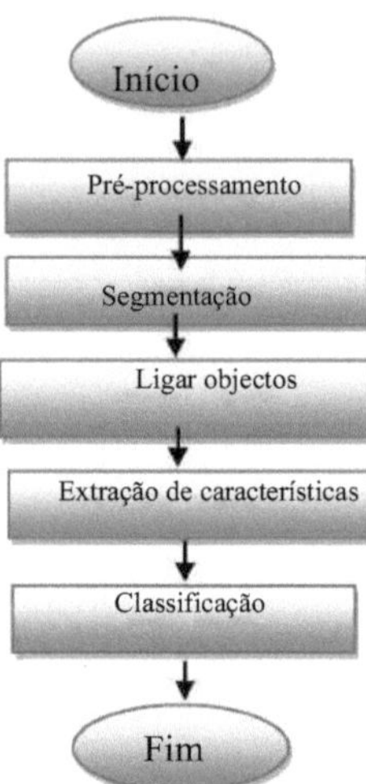

Figura (4-1): Diagrama de blocos da implementação do sistema ALLCD proposto.

O histograma da imagem em escala de cinzentos na Figura (4-3) ilustra que esta imagem tem pouco contraste, todos os componentes do nível de brilho se encontram na gama média da distribuição dos níveis de cinzentos, pelo que esta imagem precisa de ser melhorada.

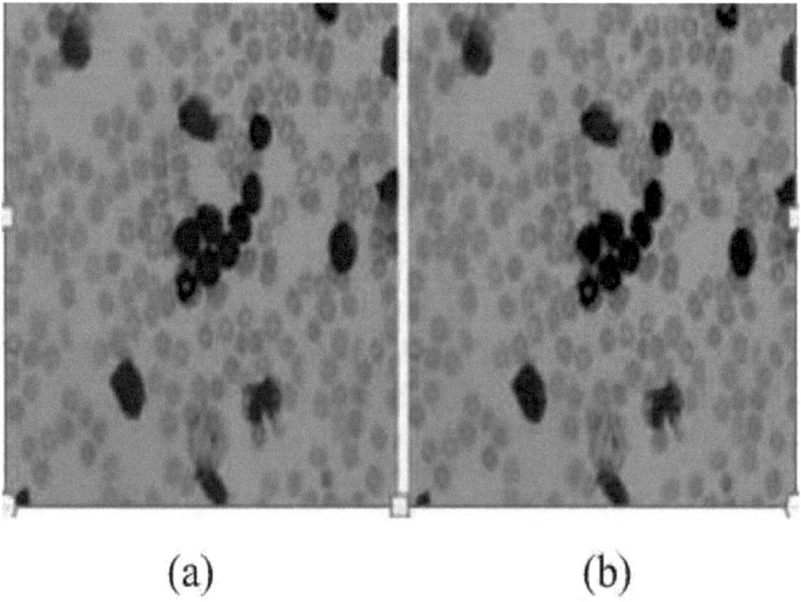

Figura (4-2): Escala de cinzentos após o processo de conversão: a) imagem original, e b)
imagem em escala de cinzentos.

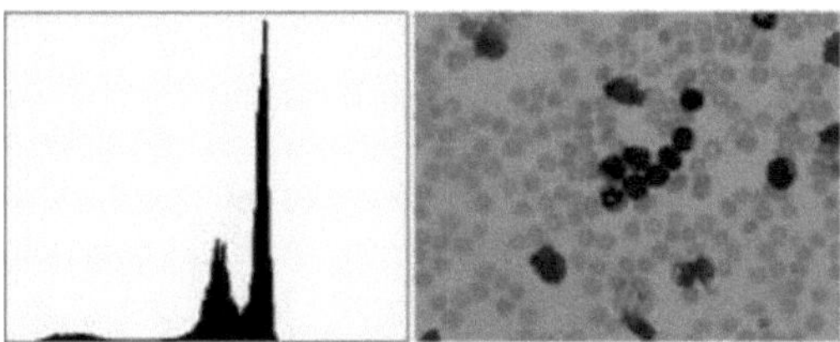

Figura (4-3): Histograma da imagem convertida em escala de cinzentos.

4.2.2 Melhoria do contraste

A equalização do histograma e o amido de contraste linear, bem como o processo de adição e subtração, serão utilizados para produzir imagens melhoradas. A Figura (4-4) mostra a imagem de equalização do histograma (a imagem A melhorada). A imagem de equalização do histograma é apresentada na Figura (4-5).

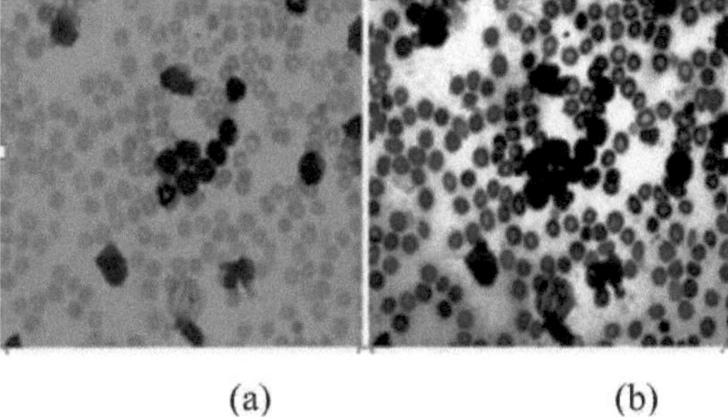

Figura (4-4) Equalização do histograma de uma imagem em escala de cinzentos: a) Imagem em escala de cinzentos, b) imagem equalizada.

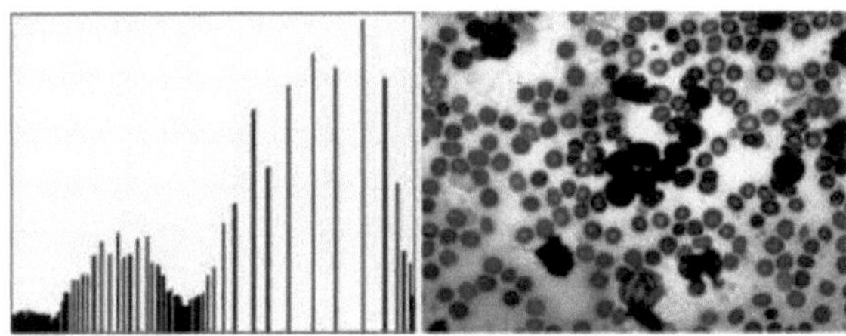

Figura (4-5) Imagem equalizada por histograma e histograma da imagem equalizada por histograma

Amido de contraste linear ilustrado imagem B melhorada mostrada em

A Figura (4-6) (b) mostra como a imagem é melhorada em termos de intensidade, distribuindo os valores de cinzento na maior parte da gama dinâmica de níveis de cinzento. Também podemos compará-lo com o melhoramento utilizando o histograma de equalização que é apresentado na Figura (4-7), é óbvio que a equalização é melhor do que o alongamento linear do contraste porque os valores de cinzento se distribuem por toda a gama dinâmica, mas no histograma de alongamento linear do contraste os valores de cinzento ocupam a gama mais dinâmica.

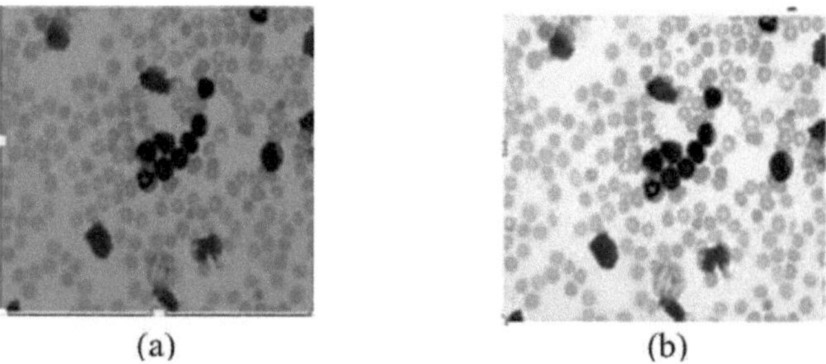

(a)   (b)

Figura (4-6): amálgama de contraste linear da imagem à escala de cinzentos: a) imagem à escala de cinzentos, b) imagem melhorada.

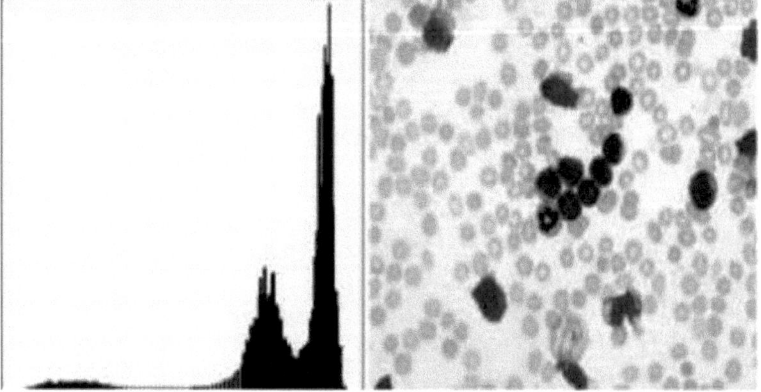

Figura (4-7): imagem à escala de cinzentos da engomagem com contraste linear e histograma de contraste linear

Chamemos à imagem resultante do processo de equalização do histograma imagem A e imagem B resultante do estiramento do contraste linear do histograma. Combinemos agora a imagem A e a imagem B com o processo de adição (A+B), como se mostra na Figura (4-7), a imagem composta chama-se I , todos os valores de pixel resultantes que excedam o valor de intensidade de 225 são substituídos por 255. A Figura (4-8) mostra o histograma da imagem de adição. A Figura (4-9) mostra que apenas os valores de pixel das células brancas do sangue, ou seja, os valores de baixa intensidade, podem ser obtidos, mas ocupam toda a gama dinâmica.

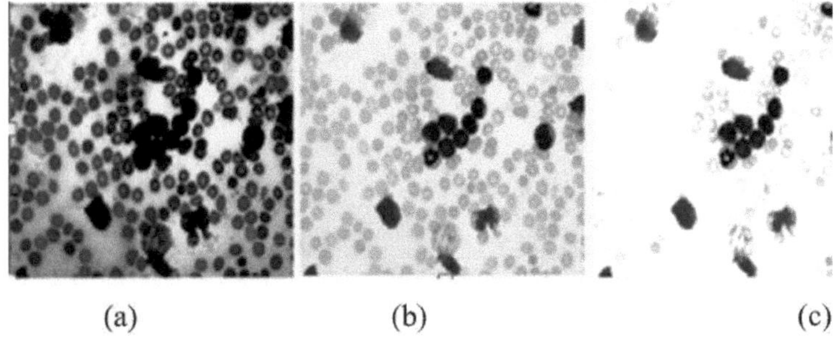

(a)   (b)   (c)

Figura (4-8): Processo de combinação (adição): a) Imagem equalizada pelo histograma I,
b) Imagem-B com contraste linear esticado, e c) Imagem /1 (A+B)

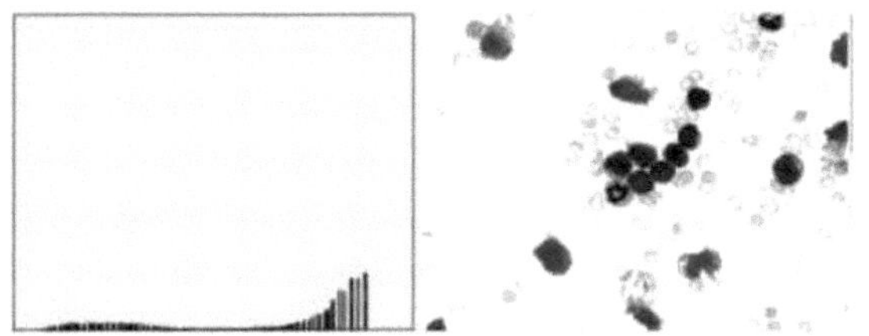

Figura (4-9): Imagem da adição Ii com o seu histograma.

Outra combinação que utilizaremos é o processo de subtração entre duas imagens: A-imagem A e B-imagem (B-A) como mostra a Figura (4-10). Além disso, este melhoramento é obviamente visível na Figura (4-11), onde podemos ver todos os componentes do histograma no sentido de aumentar a intensidade e melhorar o brilho.

Suponha que a imagem de subtração se chama L.

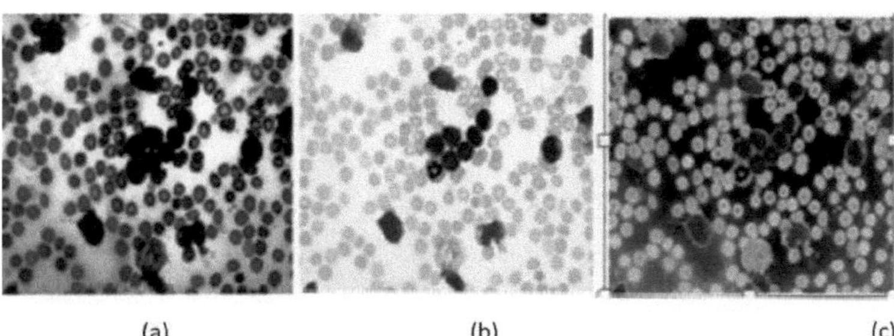

(a)   (b)   (c)

Figura (4-10): Processo de subtração: a) Imagem equalizada por histograma, b)

Imagem de contraste linear estirada-B, e c) Imagem Z_2 (B-A)

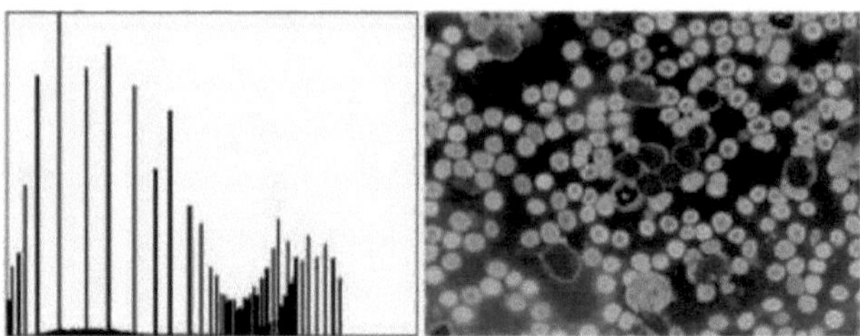

Figura (4-11): Processo de subtração I2-imagem com o respetivo histograma.

As duas imagens melhoradas resultantes dos processos de adição I1 e subtração I2 serão somadas para obter uma nova imagem que contenha apenas os leucócitos.

Suponhamos que$_3$ é a nova imagem do processo de otimização.

Nesta etapa, o processo de soma removerá quase todos os outros componentes do sangue, mantendo os núcleos com um efeito mínimo de distorção na parte dos núcleos dos glóbulos brancos. A figura (4-12) mostra a imagem I3 resultante após o melhoramento com o seu histograma.

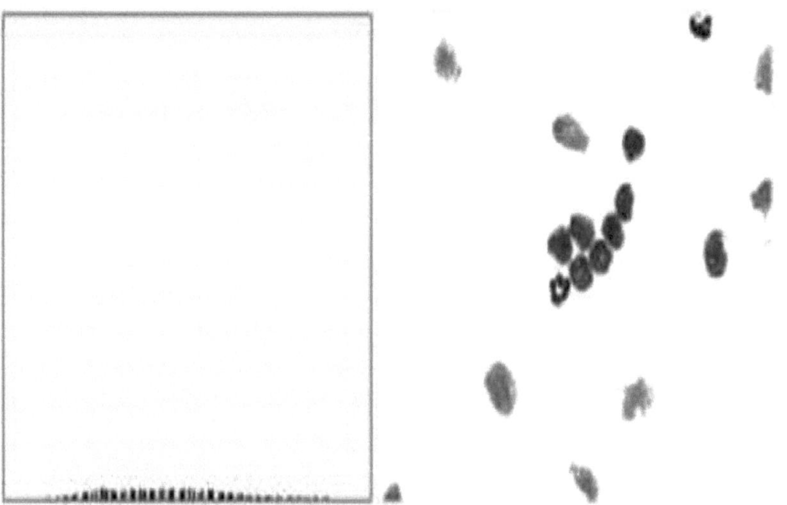

Figura (4-12): Outros processos após o melhoramento da imagem I3 com o respetivo histograma

A Figura (4-13) mostra a imagem I_4 produzida após a aplicação do filtro mínimo, enquanto a Figura (4-14) mostra o histograma após a aplicação do filtro mínimo.

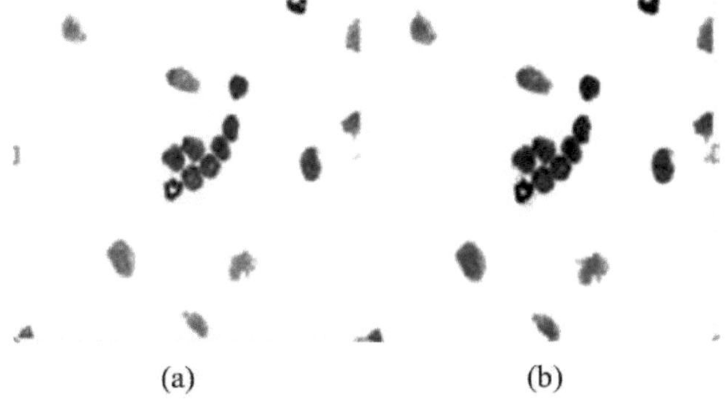

Figura (4-13): Imagem após a aplicação do filtro mínimo: a) I_3 - imagem, e b) I_4 - imagem após o filtro mínimo

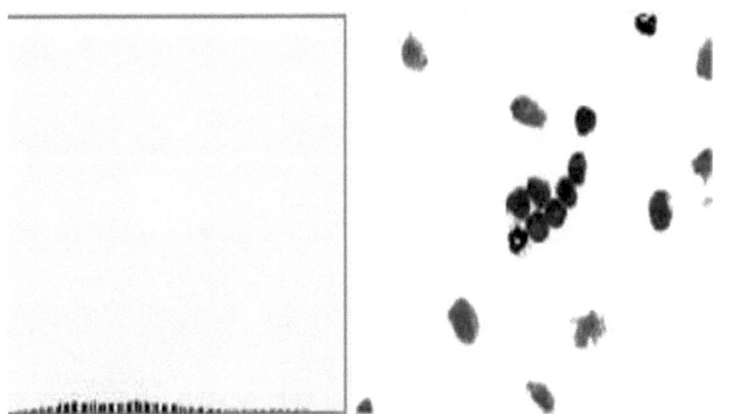

Figura (4-14): Imagem após a aplicação do filtro mínimo com o respetivo histograma

4.3 Segmentação de imagens

A segmentação é realizada digitalizando a imagem I_4 pixel a pixel e rotulando cada pixel como objeto ou fundo, consoante o nível de cinzento desse pixel seja superior ou inferior ao valor do limiar. O resultado da segmentação é apresentado na Figura (4-15).

As operações de abertura morfológica, quando aplicadas à imagem binária, produziram a imagem mostrada na Figura (4-16).

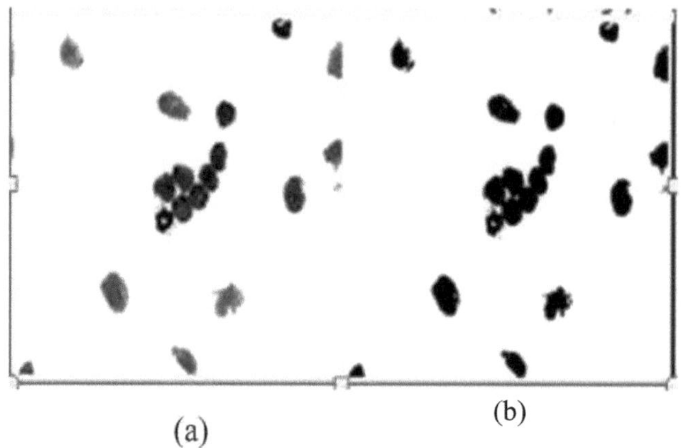

Figura (4-15): Resultado da segmentação da imagem: a) Imagem com filtro mínimo, e b)
Método Otsu.

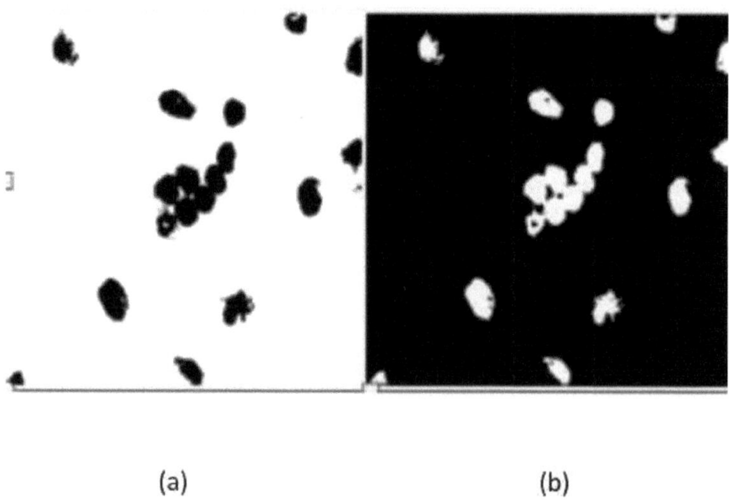

Figura (4-16): Abertura morfológica: a) segmentação da imagem, e b)
imagem de abertura morfológica.

As verificações do processo de conetividade são efectuadas através da verificação das etiquetas dos pixels vizinhos da imagem de abertura resultante do processo anterior e os objectos ligados são apresentados na Figura (4-17)

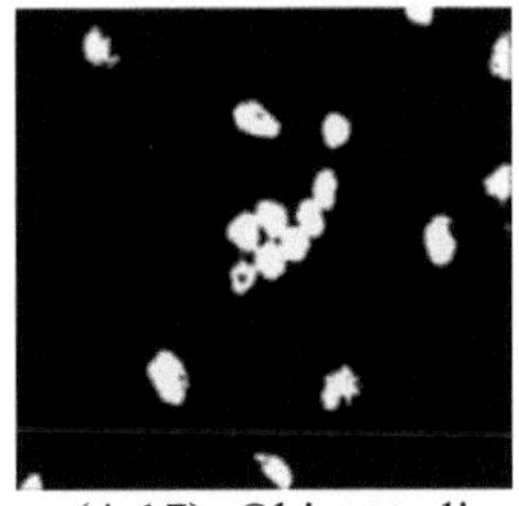

Figura (4-17): Objectos ligados.

A partir da etapa dos objectos ligados, o tamanho relativo (área) de cada objeto em relação à área média dos leucócitos será verificado, sendo os testes apresentados na tabela (4-1). O valor de 50% é utilizado como limiar mínimo de segmentação do núcleo. Este valor foi escolhido por ensaios que deram a melhor precisão de segmentação. A Tabela (4-2) mostra os objectos necessários para os processos de segmentação da imagem da Figura (4-17) e o isolamento das células nucleares relacionadas de acordo com o número da etiqueta, como se mostra na Figura (4-18).

4.4 Extração de características

Na nossa proposta de sistema ALLCD, as características são extraídas dos núcleos, incluindo: área, perímetro e circularidade. Todas estas características estão listadas na tabela (4-3).

Tabela (4-1) Tamanho relativo (área) de cada objeto em relação à área média dos leucócitos

Núcleos de leucócitos #	tamanho	média	Núcleos de leucócitos #	tamanho	média	Núcleos de leucócitos #	tamanho	média	Núcleos de leucócitos #	tamanho	média
1.	02596	0.018	21.	116	0.001	41.	19	0.0	61.	6	0.0
2.	07084	0.048	22.	42	0.0	42.	23	0.0	62.	6531	0.045
3.	6	0.0	23.	12	0.0	43.	142	0.001	63.	84	0.001
4.	7	0.0	24.	7	0.0	44.	27	0.0	64.	131	0.001
5.	48	0.0	25.	28	0.0	45.	6474	0.044	65.	6904	0.047
6.	9197	0.063	26.	54212	0.371	46.	16	0.0	66.	48	0.0
7.	227	0.002	27.	43	0.0	47.	37	0.0	67.	177	0.001
8.	14128	0.097	28.	83	0.001	48.	7388	0.051	68.	100	0.001
9.	185	0.001	29.	3	0.0	49.	9587	0.066	69.	3	0.0
10.	27	0.0	30.	6	0.0	50.	19	0.0	70.	3	0.0
11.	2	0.0	31.	1136	0.008	51.	916	0.066	71.	111	0.001
12.	109	0.001	32.	5	0.0	52.	88	0.001	72.	4	0.0
13.	22	0.0	33.	11167	0.076	53.	471	0.003	73.	15	0.0

14.	37	0.0	34.	39	0.0	54.	176	0.001	74.	4687	0.032
15.	17	0.0	35.	81	0.001	55.	14	0.0	75.	16	0.0
16.	115	0.001	36.	28	0.0	56.	10	0.0	76.	65	0.0
17.	6	0.0	37.	44	0.0	57.	34	0.0	77.	17	0.0
18.	8	0.0	38.	99	0.001	58.	32	0.0	78.	26	0.0
19.	1	0.0	39.	613	0.004	59.	14	0.0	79.	1	0.0
20.	32	0.0	40.	25	0.0	60.	3	0.0	80.	3	0.0
								0.0	81.	1	0.0

Tabela (4-2) Tamanho relativo (área) de cada objeto em relação à área média de leucócitos inferior ou igual ao limiar __________________________________ igual ou inferior ao limiar

Núcleos de leucócitos #	1	2	3	4	5	6	7	8	9	10	11	12
Tamanho	2596	7084	9197	14128	54212	11167	6474	7388	9587	6531	6904	4687
Média	0.018	0.048	0.063	0.097	0.371	0.076	0.046	0.044	0.066	0.045	0.047	0.032

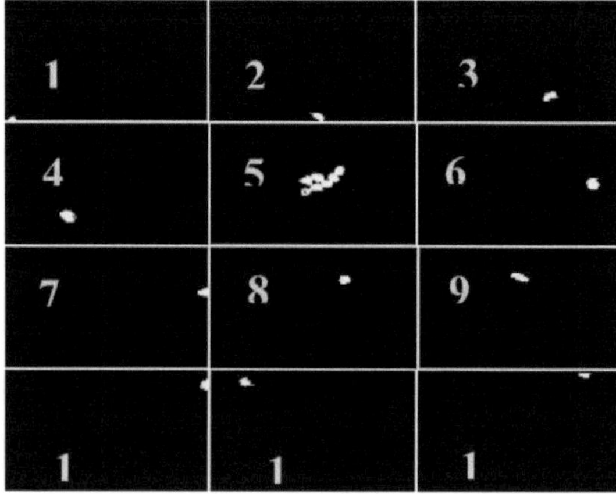

Figura (4-18): Núcleos de leucócitos segmentados Número de etiqueta.

Tabela (4-3): Características dos núcleos dos leucócitos.

Núcleos de leucócitos #	1	2	3	4	5	6	7	8	9	10	11	12
Área	2596	7084	9197	14128	54212	11167	6474	7388	9587	6531	6904	4687
Perímetro	98	274	376	416	1246	290	256	204	296	306	354	184
Circularidade	3.398	1.186	0.817	1.026	0.439	1.669	1.241	2.231	1.375	0.876	0.692	1.74

4.5 Classificação de imagens

Neste trabalho, foram aplicadas duas técnicas de classificação separadamente para classificar os leucócitos como células normais ou blásticas.

4.5.1 Classificação baseada no algoritmo KNN

O resultado da classificação dos leucócitos obtido com a aplicação do algoritmo KNN relativamente às distâncias euclidianas entre os núcleos, de acordo com a Tabela (4-4) e k=1, é apresentado na Tabela (4-5).

4.5.2 Classificação baseada em Redes Neuronais Artificiais (RNA)

WBC #	1	02	03	04	05	06	07	08	09	10	11	12
01	0000	0771	1110	0561	1316	1575	1834	1434	1270	2039	1268	1893
02	0771	0000	0389	0436	0827	0917	1172	0985	0990	1456	1327	1392
03	1110	0389	0000	0626	0546	0533	0784	0704	0816	1083	1287	1053
04	0561	0436	0626	0000	0756	1029	1284	0879	0754	1478	0940	1336
05	1316	0827	0546	0756	0000	0414	0610	0161	0345	0728	0906	0587
06	1575	0917	0533	1029	0414	0000	0260	0477	0751	0560	1316	0597
07	1834	1172	0784	1284	0610	0260	0000	0614	0912	0370	1472	0520
08	1434	0985	0704	0879	0161	0477	0614	0000	0299	0644	0859	0459
09	1270	0990	0816	0754	0345	0751	0912	0299	0000	0920	0566	0692
10	2039	1456	1083	1478	0728	0560	0370	0644	0920	0000	1426	0276
11	1268	1327	1287	0940	0906	1316	1472	0859	0566	1426	0000	1164

| 12 | 1893 | 1392 | 1053 | 1336 | 0587 | 0597 | 052 | 0459 | 069 | 027 | 116 | 0000 |

WBC #	Área	perímetro	Circularidade	Distância	Mais próximo Vizinho	Normal ou Explosão
1.	2596	98	3.398	561	4	Normal
2.	7084	274	1.186	389	3	Explosão
3.	9197	376	0.817	389	2	Explosão
4.	14128	416	1.026	436	2	Normal
5.	54212	1246	0.439	345	9	Explosão
6.	11167	290	1.669	260	7	Normal
7.	6474	256	1.241	260	6	Normal
8.	7388	204	2.231	161	5	Explosão
9.	9587	296	1.375	299	8	Explosão
10.	6531	306	0.876	276	12	Explosão
11.	6904	354	0.692	566	9	Explosão
12.	4687	184	1.74	276	10	Explosão

A taxa de classificação dos leucócitos pode ser calculada a partir da eq.(4-1) e é (66,67%) do classificador KNN:

$$Taxa\ de\ classificação = \frac{N.^o\ de\ células\ blásticas}{número\ total\ de\ células} \times 100\% \qquad (4\text{-}1)$$

A classificação baseada em Redes Neuronais Artificiais (RNA) é utilizada para criar um resultado de classificação para o sistema proposto. Apresentamos agora os resultados da fase de segmentação aplicada aos dois tipos de imagens de leucócitos na Tabela (3-2) e os resultados da segmentação são apresentados na Tabela (4-6). A Tabela (4-7) ilustra a extração de características que serão utilizadas como entrada para o classificador ANN, enquanto as Tabelas (4-8) e (4-9) demonstram a extração de características da fase de treino e a classificação de leucócitos para a imagem (Im001-1.bmp).

Tabela (4-6): Resultados da segmentação da imagem (Im001-1.bmp).

Célula Não.	Tamanho	perímetro	Eixo menor	Eixo principal
01	02596	0338	0017	0047
02	07084	0648	0026	0085
03	09197	0767	0021	0086
04	14128	0842	0042	0088
05	54212	2379	0015	0260
06	11167	0576	0047	0157
07	06474	0489	0028	0072
08	07388	0399	0043	0054
09	09587	0654	0010	0096
10	06531	0579	0052	0126
11	06904	0751	0024	0079
12	04687	0383	0017	0057

Tabela (4-9): Classificação das células brancas do sangue para a imagem (Im001-1.bmp).

Célula Não.	Av-Tamanho	Perímetro/tamanho	Formulário Fator	Circularidade	Eixo menor/maior
01	0.019	0.130	0.286	1.496	0.362
02	0.051	0.091	0.212	1.248	0.306
03	0.066	0.083	0.196	1.583	0.244
04	0.101	0.060	0.250	2.323	0.477
05	0.387	0.044	0.120	1.021	0.058
06	0.080	0.052	0.423	0.577	0.299
07	0.046	0.076	0.340	1.590	0.389
08	0.053	0.054	0.583	3.226	0.796
09	0.069	0.068	0.282	1.324	0.104
10	0.047	0.089	0.245	0.524	0.413
11	0.049	0.109	0.154	1.408	0.304
12	0.033	0.082	0.402	1.837	0.298

Tabela (4-8): Extração de características da fase de treino.

Imagem de entrada (Im001-1.bmp)	Pesos da camada de entrada	Pesos da camada oculta	Pesos da camada de polarização	Saída Objetivo
	0.16336	19.90663	377.78079	1.0

9.30061	187.53808	2.38964	1.0
16.55461	199.07504	7.62520	1.0
1.62093		0.99862	1.0
12.31696			1.0
16.64711			0.0
3.20142			0.0
28.19266			0.0
14.89578			0.0
1.94462			0.0
7.12257			0.0
0.79515			0.0
5.90394			0.0
1.26633			0.0
15.29909			0.0

Tabela (4-10): Extração de características da fase de treino.

Sangue branco Células	Resultado da classificação computorizada	Classificação das células
01	40.0	Limpo
02	0.000	Limpo
03	0.000	Limpo
04	0.000	Limpo
05	0.000	Limpo
06	0.063	Desconhecido
07	0.868	Desconhecido
08	0.519	Desconhecido
09	0.000	Limpo
10	0.000	Limpo
11	0.000	Limpo
12	0.999	Explosão - Infetado

As tabelas (4-10) e (4-11) ilustram outro exemplo de extração de características da fase de treino e classificação para a imagem (Im006-1.bmp)

Imagem (Im006-1.bmp)	Pesos da camada de entrada	Pesos da camada oculta	Pesos da camada de polarização	Saída Objetivo
	2.20411	486.99616	957.07177	1.0
	0.66234			1.0
	1.84222			1.0
	2.01942			1.0
	38.55868			1.0
				0.0
	3.37110	29.73583	7.40930	0.0
	2.76025			0.0

43.80541			0.0
9.18691			0.0
2.70340			0.0
4.78238	477.48096	3.74718	0.0
11.51363			0.0
4.21766			0.0
1.32551			0.0
13.85930			0.0
		2.44112	0.0
			0.0
			0.0
			0.0
			0.0
			0.0
			0.0
			0.0

Leucócitos	Resultado da classificação computorizada	Células Classificação
01	1.000	Explosão -
02	0.261	Desconhecido
03	4090.	Explosão -
04	1.000	Explosão -
05	1.000	Explosão -
06	0.997	Explosão -
07	1.000	Explosão -
08	0.998	Explosão -
09	30.00	Limpo
10	0.999	Explosão -
11	0.455	Desconhecido
12	0.004	Limpo
13	0.003	Limpo
14	1.000	Explosão -
15	1.000	Explosão -
16	0.996	Explosão -
17	0.998	Explosão -
18	1.000	Explosão -

A taxa de classificação dos leucócitos é de (72,22%), podendo ser melhorada com a utilização do classificador ANN.

4.6 Comparação entre o sistema proposto e o trabalho relacionado

A comparação do sistema proposto com os outros sistemas ou métodos é apresentada no quadro (4-12) Quadro (4-12): Comparação dos sistemas de classificação do desempenho.

\ Autores Algoritmos	Nipon T. [11]	Minal D. e et. al, [18].	Sistema proposto utilizando KNN	Sistema proposto utilizando RNA
Taxa de classificação %	71,81% e 69.68%	93%.	66.67%	72.22%

A partir da Tabela (4-12), podemos comparar a precisão do sistema proposto utilizando KNN é inferior à de Minal D. e et. al, [17], mas a precisão do sistema proposto utilizando ANN é superior à de Nipon T. [11], que utiliza o mesmo classificador.

Conclusões e sugestões para trabalhos futuros

Conclusões

Os resultados dos testes apresentados no capítulo anterior permitem retirar as seguintes
conclusões:

1- A melhor precisão da segmentação pode ser alcançada utilizando
valor mínimo do limiar do segmento do núcleo.

2- Este sistema proposto envolve a deteção automática de
A leucemia linfocitária utilizando imagens microscópicas de amostras de
sangue foi obtida a partir de ALL-IDB1.

3- O sistema proposto será construído através da utilização de características
microscópicas
examinando a área, o perímetro e a circularidade como dois métodos de
classificação KNN e entrada do classificador ANN.

4- A taxa de classificação é melhorada com a utilização do classificador ANN.

5- Informação extraída de imagens microscópicas de amostras de sangue
pode beneficiar as pessoas através da previsão, resolução e tratamento imediato
de doenças do sangue de um determinado doente.

Sugestões para trabalhos futuros

1. Sugerimos a utilização do sistema ALLDC proposto numa aplicação em tempo
real, depois de melhorar a precisão através da utilização de PCA com um
classificador ANN.
2. Sugerimos a utilização de um método de compressão com perdas no conjunto de
dados original ALL-IDB1 do sistema ALLDC proposto e, em seguida, a
comparação entre os dois sistemas.

Referências

[1]   Ch. Niranjan," *Analysis of blood samples for counting leukemia cells using Support vetor machine and nearest neighbor"* Journal of Computer Engineering (IOSR-JCE) Volume 16, Issue 5, Ver. III Sep - Oct. 2014.

[2]   H. Mehdi M., *"Automatic Segmentation and Classification of Red and White Blood Cells in Thin Blood Smear Slides",* tese de doutoramento, Concordia University, Canadá, 2015.

[3]   S. Ravikumar, *"WBC Image Segmentation and Classification Using RVM"* Applied Mathematical Sciences, Vol. 8, No. 45,pp 2227 - 2237, 2014.

[4]   S. Farnoosh, et al. *"A Framework For White Blood Cell Segmentation in Microscopic Blood Images Using Digital Image Processing",* Biological procedures online 11.1, 2009.

[5]   L. Putzu, di Ruberto, C., *"White Blood Cells Identification and Counting from Microscopic Blood Images",* In Proceedings of the WASET International Conference on Bioinformatics, Computational Biology and Biomedical Engineering, Guangzhou, China, pp. 268-275, 1 de novembro de 2013.

[6]   S. Beucher e F. Meyer, *"The Morphological Approach to Segmentation: The Watershed Transformation",* Mathematical Morphology in Image Processing, páginas 433-1993, 1993.

[7]   C.Zhang, Xiao, X.; Li, X., *"White Blood Cell Segmentation by Color-Space-Based K-Means Clustering",* Sensors 14 pp.1612816147, 2014.

[8]   F. Lauer, C.Y. Suen, e G. Bloch, *"A Trainable Feature Extrator For Handwritten Digit Recognition",* Journal *of Pattern Reconhecimento* 40(6):1816 - 1824, 2007.

[9]   R. Muralidharan and C. Chandrasekar," *Scale Invariant Feature Extraction For Identifying An Object In The Image Using Moment Invariants"* In International Conference on Communication and Computational Intelligence (INCOCCI),pp 452 -456, Dec. 2010.

[10]   M. Alexander, Henning Lobin, *Studies in Computational Intelligence"* Número de Controlo da Biblioteca do Congresso 2011934155, Alemanha, 2011.

[11]   K.Fauziah; *Deteção de leucemia em amostras de sangue humano com base em imagens microscópicas: um estudo"* Journal of Theoretical and Applied Information Technology, 31 de dezembro de 2012. Vol. 46 No.2.

[12]   N. Theera, Umpon, *White Blood Cell Segmentation and Classification in Microscopic Bone Marrow Images"* Segunda Conferência Internacional, FSKD, 2005.

[13]   F.Zamani, Safabakhsh, R., *"An unsupervised GVF snake approach for white blood cell segmentation based on nucleus",* In Proceedings of the 8th International Conference on Signal Processing, Guilin, China, Volume 2, 16 de novembro de 2006.

[14]   L. B. Dorini e N. J. Leite, *"A Scale Space Toggle Operator For Morphological Segmentation, "* in Proc. 8th Inform. Security Manage.Meas. , pp. 101-1122007.

[15]   S. H. Rezatofighi, "*A New Approach to White Blood Cell Nucleus Segmentation Based on Gram-Schmidt Orthogonalization'''*, Centro de Excelência de Controlo e Processamento Inteligente, Universidade de Teerão, Teerão, Irão, Conferência Internacional sobre Processamento de Imagem Digital, IEEE 2009.

[16]   H. Madhloom.T, Kareem SA, Ariffin H, Zaidan AA, Alanazi HO, Zaidan BB. *Uma localização e segmentação automatizada do núcleo de glóbulos brancos utilizando aritmética de imagem e limiar automatizado"*, J Appl Sci;10(11):959-66, 2010.

[17]   S. Mohapatra,D. Patra,S. Satpathy, " *Unsupervised Blood Microscopic Image Segmentation and Leukemia Detection using Color based Clustering"* International Journal of Computer Information Systems and Industrial Management Applications. ISSN 2150-7988 Volume 4, pp. 477-485, 2012.

[18]   D.Minal Joshi1, Prof. A.H.Karode2, Prof. S.R.Suralkar3, *"Detection of Acute Leukemia Using White Blood Cells Segmentation Based on Blood Samples"* national Journal of Electronics and Communication Engineering and Technology (IJECET), ISSN 0976 - 6464(Print), ISSN 0976 - 6472(Online) Volume 4, Issue 3, May - June, © IAEME, 2013.

[19]   N.Aruna S. , Hariharan S., " *Edge Detection of Sickle Cells in Red Blood Cells"* Aruna N.S et al, / (IJCSIT) International Journal of Computer Science and Information Technologies, Vol. 5 (3) , 2014.

[20]   Zh. Congcong, Xiaoyan Xiao, *"Segmentação de células brancas do sangue por agrupamento K-Means baseado em espaço de cor"*, sensores ISSN 1424-8220 www.mdpi.com/journal/sensors Artigo, 2014.

[21]   S. Sulaja," *Automated Detection of Acute Lymphocytic Leukemia-A survey"*, International Journal of Engineering Research and General Science Vol. 3, Issue 3, Part-2, May-June, 2015.

[22]   R. Donida Labati, Piuri V, Scotti F. ALL-IDB: *The Acute Lymphoblastic Leukemia image Database For Image Processing"*, In: Macq Benot, Schelkens Peter, editores. Actas da 18ª conferência internacional IEEE ICIP sobre processamento de imagens, 11-14 de setembro. Bruxelas, Bélgica: Editora IEEE;

p. 2045-8, 2011.

[23] T.Radivoyevitch,; Sachs, R K; Gale, R P; Molenaar, R J; Brenner, D J; Hill, B T; Kalaycio, M E; Carraway, H E; Mukherjee, S *"Definição da segunda dinâmica de risco de cancro de LMA e SMD após o diagnóstico dos primeiros cancros tratados ou não com radiação"* Leukemia. doi:10.1038/leu.2015.258

[24]   K.Fauziah, *Deteção de leucemia em amostras de sangue humano com base em imagens microscópicas: A Study* "ournal of Theoretical and Applied Information Technology 31st December 2012. Vol. 46 No.2, 2005.

[25]   H.Amel, e H.Jamila, "Correct Enhance the Illumination of Object based on Top-Hat Transformation", Al-Mustansiriyah Journal of Science, Special Edition: A 9.ª Conferência da Faculdade de Ciências da Universidade de Al-

Mustansiriyah, 6-7 de maio de 2013, Vol.24, N.º 5, 2013

[26]   C. Solomon, T.Berckon , *Fundamentos de Processamento de Imagem Digital Uma Abordagem Prática com Exemplos em Mat lab*", 2011.

[27]   R. M. Haralick e L. G. Shapiro, *"Computer and Robot Vision'"*, Addison-Wesley Publishing Company Inc., Vol 1, Capítulo 5, 1992.

[28]   S.Milan, Vaclav Hlavac, Roger Boyle," *Image Processing, Analysis, and Machine Vision*", quarta edição, 2015.

[29]   M. Seul, L. O'Gorman e M.J. Sammon, *"Practical Algorithms for Image Analysis",* Cambridge University, Press. 2000.

[30]   R. Dass e S. Devi. *"Image Segmentation Techniques""*, International Journal of Electronics and Communication Technology. 7109: 66-70, 2012.

[31]   D.Apurba , *"Guia de Sinais e Padrões em Processamento de Imagens: Foundations, Methods and Applications*", Springer, 22 de abril de 2015.

[32]   S. Salem Al-Amri, Dr.N.V.Kalyankar, Dr.S.D.Khamitkar, *Linear and Non-linear Contrast Enhancement Image",* IJCSNS International Journal of Computer Science and Network Security, VOL.10 No.2, fevereiro de 2010.

[33]   K. Robert e David Tenorio, *"Histogram Equalization*" (*Equalização de histograma)*, Freescale Semiconductor, Número do documento: AN4318, Rev. 0, junho de 2011.

[34]   M.Subrajeet, *Hematological Image Analysis for Acute Lymphoblastic Leukemia Detection and Classification* tese de *doutoramento*, Departamento de Engenharia Eléctrica, Instituto Nacional de Tecnologia de Rourkela, Rourkela - 769 008, Índia, 20 de outubro. 2013.

[35]   R. Gonzalez e R. Woods," *Digital Image Processing"* New Jersey: Prentice-Hall, 2002.

[36]   P.Ioannis, Anastasios N. Venetsanopoulos," *Nonlinear Digital Filters: Principles and Applications*", Springer Science and Business Media, 14 de março de 2013.

[37]   T.Herman, *"Filtros de Mínimo e Máximo 2D: Algorithms and Implementation Issues'",* 23 de janeiro de 2011.

[38]   J.Joaquim, Zhihua C. e Liu X., *"Processamento Digital de Imagens: Supervised Classification Using Genetic Algorithm In Matlab Toolbox""*, Relatório e Opinião, 2 (6), 2010.

[39]   Y. H. Hu, J.N. Hwang, *Handbook of Neural Network Signal Processing*", CRC Press, 2002.

[40]   L.V. Fausett, *Fundamentals of Neural Networks* Architectures, Algorithms and Applications", 1994.

[41]   S. O. Haykin, *"Neural Networks: A Comprehensive Foundation",* 2nd Edition, 1998.

[42]   S. O. Haykin, *"Neural Networks and Learning Machines*," 3rd Edition, copyright by Pearson Education,2009.

[43]   W. C. Lefebvre, P. C. jose e E. R. Neil, *"Neural and Adaptive System: Fundamentals through Simulation",* Johe Wiley and sonInc, 2000.

More
Books!

info@omniscriptum.com
www.omniscriptum.com
OMNIScriptum

Printed by Books on Demand GmbH, Norderstedt / Germany